*Meine Familie*

# Glückliche Kinder, zufriedene Eltern

## Gemeinsam durch den Alltag

Sonderausgabe

© Genehmigte Sonderausgabe

Alle Rechte vorbehalten. Nachdruck, auch auszugsweise,
nur mit ausdrücklicher Genehmigung des Verlages gestattet.
Alle Angaben wurden sorgfältig recherchiert, eine Garantie
bzw. Haftung kann jedoch nicht übernommen werden.

Text: Birgit Brauburger
Titelabbildung: polylooks.de/sianprior
Layout: h3a GmbH, München
Umschlaggestaltung: h3a GmbH, München

ISBN 978-3-8174-8390-7

2011 2012 2013 2014 2015     10 9 8 7 6 5 4 3 2 1

# Inhalt

**Vorwort** 4

**Entwicklung Schritt für Schritt** 5
Voraussetzungen für die Entwicklung 6
Der Wunsch nach Selbstständigkeit 9
Die ersten drei Lebensjahre 11
Spezial: Die schönsten Rituale für den Frühling 17
Die Kindergartenjahre 19
Die ersten Schuljahre 24

**Die Bedürfnisse des Kindes** 27
Aufmerksame Eltern, zufriedene Kinder 28
Entwicklung der Eltern-Kind-Beziehung 29
Wohlbefinden und Entwicklung des Selbstwertgefühls 32
Spezial: Die schönsten Rituale für den Sommer 33
Die richtige Botschaft 36
Rhythmus und Rituale 38
Alltagsprobleme 41
Wut 43
Trotz 45
Neid und Eifersucht 47
Traurigkeit 49
Angst 50
Langeweile 53
Spezial: Die schönste Rituale für den Herbst 55
Typisch Junge, typisch Mädchen? 56

**Verhalten und Rolle der Eltern** 59
Bedeutung der Eltern 60
Soziales Lernen 62
Humor in der Erziehung 63
Kinder lernen durch Vorbilder 67
Spezial: Die schönsten Rituale für den Winter 68
Kinder brauchen Grenzen 72

**Kommunikation in der Familie** 75
Familie im Dialog 76
Aktives Zuhören 77
Spezial: Die schönsten Rituale für Jahresfeste 80
Sprechen Sie über sich 81
Streit kann vorkommen 82
Spielräume zulassen 82
Der runde Tisch 83
Konflikte entschärfen 84

**Serviceteil** 88
Hilfreiche Adressen 89
Informationsangebot im Internet 93

**Register** 95

## Vorwort

Elternschaft bedeutet neben Verantwortung auch eine große Portion Abenteuer. Denn die Eltern-Kind-Beziehung verändert sich stetig und ist über die Jahre immer im Wandel. Neben Liebe, Geborgenheit und Sicherheit braucht Ihr Kind von Beginn an auch vielfältige Anregungen, um sich entwickeln zu können. Begleiten Sie Ihr Kind auf seinem Weg ins Leben und ermöglichen Sie ihm vielfältige Erfahrungen. Denn neben einem gesunden Klima in der Familie brauchen Kinder vor allem Eltern, die ihnen in einer immer komplexer werdenden Welt Spielraum lassen und zugleich verlässlichen Halt bieten.

Der vorliegende Ratgeber informiert Sie im ersten Kapitel leicht verständlich und fachlich fundiert über die kindliche Entfaltung sowie wichtige Entwicklungsschritte in den ersten Lebensjahren. Das zweite Kapitel widmet sich ausführlich den Bedürfnissen, die jedes Kind hat. Angefangen von Grundbedürfnissen bis hin zu all dem, womit Sie Ihrem Kind Wohlbefinden und Selbstwertgefühl vermitteln und es auf diese Weise stark fürs Leben machen können. Zudem erhalten Sie viele wichtige Tipps und Hintergrundinformationen rund um klassische Alltagssituationen und die kindliche Gefühlswelt.

Das dritte Kapitel widmet sich intensiv Ihrer Rolle als Elternteil und der Bedeutung des sozialen Lernens. Denn eines ist unumstritten: Ihnen kommt im Umgang mit Ihrem Kind eine tragende, weil vorbildliche, Rolle zu. Im letzten Kapitel steht die Kommunikation in der Familie im Mittelpunkt. Sie erfahren, wie familiärer Dialog entsteht und Sie eine offene Gesprächsatmosphäre fördern können – von Anfang an. Zahlreiche Zusatzinformationen sowie spannende Sonderseiten zum Thema Rituale im Jahreslauf runden die einzelnen Kapitel ab.

# Entwicklung Schritt für Schritt

# ENTWICKLUNG SCHRITT FÜR SCHRITT

## Voraussetzungen für die Entwicklung

Jedes Kind benötigt gewisse Voraussetzungen, um sich entwickeln zu können. Zugleich bringt es die Bereitschaft und den Wunsch nach Entwicklung mit. Kinder wollen ihr Leben buchstäblich selbst in die Hand nehmen. Dieser Entwicklungsmotor, den Kinder in sich tragen, ist ihr Drang nach Wachstum – auf allen Ebenen. Dies lässt sich schon und gerade im ersten Lebensjahr besonders gut beobachten: Ab einem gewissen Zeitpunkt greift das Kind nach Gegenständen, es erweitert beständig seinen Aktions- und Bewegungsradius, es möchte sich mitteilen, sich ausdrücken, mit den Menschen in seiner Umgebung in Kontakt treten und kommunizieren.

### Aktiv lernen

Um sich optimal entwickeln zu können, benötigen Kinder nicht die unmittelbare tatkräftige Anleitung eines Elternteils. Was sie hingegen brauchen, sind viele Gelegenheiten, ihre eigenen Erfahrungen zu machen. Und dies können sie am besten, wenn sie Dinge selbst tun dürfen und dabei eigene Erkenntnisse möglich sind. Lernen ist, wie die Gehirnforschung belegt, immer dann besonders effektiv, wenn es mit positiven Gefühlen verbunden ist. Die beste Voraussetzung für das heute vielfach geforderte lebenslange Lernen können Sie bereits heute schaffen, indem Sie Ihr Kind darin unterstützen, eine positive Haltung zum Erfahren neuer Dinge zu entwickeln. Denn dann hat es auch noch Freude daran, sich etwas Neues anzueignen, wenn es schon längst den Kinderschuhen entwachsen ist. Neben den Eigenschaften und Fähigkeiten, die jedes Kind in den einzelnen Entwicklungsbereichen mitbringt, hängt das spezifische Verhalten, das es sich im Laufe seiner Entwicklung aneignet, natürlich auch wesentlich

ENTWICKLUNG SCHRITT FÜR SCHRITT

von dem Verhalten seiner Eltern und dem anderer Bezugspersonen ab.

### Das Lernen durch Nachahmung

Gerade in den ersten Lebensjahren ist die Nachahmung ein wichtiger Faktor für das Lernen. Etwa ab dem achten Monat beobachten Babys z. B. besonders aufmerksam, was Erwachsene um sie herum tun. Und sie wollen es selbst ausprobieren! Bereits mit neun Monaten übt sich ein Säugling in Nachahmung, indem er einfache Ausdrucksweisen und Laute nachmacht. Während es zu Beginn des ersten Lebensjahres vor allem noch die einfachen, grundlegenden Ausdrucksformen der menschlichen Kommunikation sind, die sich das Kind erschließt, so kommt im weiteren Verlauf z. B. auch der funktionelle Gebrauch von Gegenständen hinzu. Das heißt konkret: Wie es mit einem Becher oder dem Besteck umgehen muss, lernt Ihr Kind dadurch, dass es Sie oder seine Geschwister beim Trinken und

## INFO

**Ganz nebenbei**

Kinder in den eigenen Alltag zu integrieren und so auf vielfältige Weise die Gelegenheit zur Nachahmung zu bieten, ist die natürlichste und einfachste Art, die geistige, sprachliche und nicht zuletzt soziale Entwicklung zu fördern.

Essen sieht und die Handhabung der Gegenstände imitiert. Das bedeutet zugleich: Ein Kind muss am Alltag, am täglichen Tun und am familiären Umgang beteiligt sein, um lernen zu können. Wenn Sie Ihr Kind also auf ganz natürliche Weise in Ihren Alltag integrieren, kann es sich elementare Dinge durch Nachahmung aneignen.

Geben Sie Ihrem Baby daher möglichst viele Gelegenheiten, spielerisch zu lernen und sich auf diese Weise weiterzuentwickeln. So finden kleine Kinder es z. B. einfach spannend, zu sehen, was in Küche und Haushalt passiert. Lassen Sie Ihr Kind daran teilhaben und geben Sie ihm die Möglichkeit, auf seine Weise mit den entsprechenden Alltagsgegenständen vertraut zu werden.

Gut zu wissen: Schon ab etwa zwei Jahren interessieren sich Kinder dann verstärkt für solche Situationen und wollen mitmachen. Auch wenn dies noch keine wirklich zeitsparende Hilfe darstellt, können Sie Ihr Kind doch auf diese Weise an bestimmte Tätigkeiten heranführen. Wenn Sie es hingegen häufig ablehnen, geht seine natürliche Schaffensfreude rasch verloren. Denken Sie bitte daran: Kinder mögen es sehr, wenn sie mithelfen dürfen!

## Das spielerische Lernen

Spielen ist von Beginn an viel mehr als bloßer Zeitvertreib. Denn das Spielen ist die aktive Auseinandersetzung eines Kindes mit seiner gesamten Umwelt. Kinder wollen die Welt entdecken, verstehen, ihre Gesetzmäßigkeiten durchschauen und sich unbekannte Dinge vertraut machen. Sie lernen dabei jeden Tag aufs Neue wichtige Zusammenhänge und Funktionsprinzipien kennen. Je mehr Möglichkeiten ein Kind zum Spielen hat, umso ausgeglichener, selbstbewusster und kompetenter wird es in vielen Bereichen.

Über das sinnvolle Spiel verschaffen sich Kinder einen Zugang zu ihrer Umwelt und begreifen diese. Sich auf diese Weise die Welt zu eigen zu machen und alles über sie zu erfahren, ist ebenfalls ein innerer Drang des Kindes. Und wie bereits angesprochen, gibt es schon von klein auf das Bedürfnis, verschiedene Verhaltensweisen auszuprobieren. Spielen ist die ursprüngliche Aufgabe von Kindern im Vorschulalter. Spielforscher gehen übrigens davon aus, dass Kinder bis zum Schulstart etwa sieben bis acht Stunden am Tag spielen. Beim Spielen erledigen die Kinder sozusagen ihr Tagewerk.

## INFO

**Jeder Tag ist neu**
Die Welt eines Kindes ist voll von Begegnungen mit Unbekanntem. Dadurch eröffnen sich immer wieder dem Kind bislang fremde Handlungsspielräume. Allein dies motiviert Kinder jeden Tag aufs Neue. Und natürlich wollen Kinder nicht nur entdecken, anfassen und ausprobieren, sondern auch immer wieder Erklärungen zu den unterschiedlichsten Fragen. Unterstützen Sie diesen Tatendrang und die kindliche Neugier, wann immer Sie es können.

## Der Wunsch nach Selbstständigkeit

Zu dem bereits erwähnten inneren Drang des Kindes, sich zu entwickeln, gehört auch der Wunsch nach Selbstständigkeit. Daher sollten Sie Ihrem Kind auch immer die Gelegenheit geben, hinsichtlich der Gesichtspunkte, in denen es kompetent ist, d. h. in angemessenen Situationen, selbst zu entscheiden. Denn die Entwicklung seines Selbstwertgefühls hängt auch davon ab, wie selbstständig es sein kann und darf.
Das bedeutet zunächst einmal, dass sie grundsätzlich annehmen können, dass das kindliche Verhalten sinnvoll ist – auch wenn der Sinn sich Ihnen nicht auf Anhieb erschließt. Es bedeutet aber auch, dass Sie das Tun Ihres Kindes, selbst wenn Sie es nicht verstehen, tolerieren sollten – selbstverständlich nur dann, wenn dadurch keine Gefahr für Ihr Kind entsteht. Für einen Säugling bedeutet dies z. B., dass er durchaus schon eigene Vorstellungen davon hat, was er mit den Gegenständen tun möchte, mit denen er sich gerade beschäftigt. Ein Krabbelkind weiß beispielsweise auch schon ganz genau, wohin es sich bewegen möchte – und warum.
Um diesem Wunsch nach Eigeninitiative gerecht zu werden, können Sie Ihr Kind

z. B. auch bei alltäglichen Fragen schon früh mitentscheiden lassen. Stellen Sie jedoch keine Ja-Nein-Fragen, sondern probieren Sie es lieber mit Alternativfragen. Fragen Sie beispielsweise: „Willst du dir den Pullover selbst anziehen oder möchtest du, dass ich dir dabei helfe?" Ihr Kind wird sich i. d. R. für eine der beiden Varianten entscheiden. Der positive Effekt: Es fühlt sich ernst genommen, auch wenn es noch nicht richtig sprechen kann.

## Schritt für Schritt

Der Zugewinn an Selbstständigkeit ist übrigens immer auch mit dem Auftreten neuer Fähigkeiten verbunden. So entsteht im Kind die Motivation, etwas selbst zu tun, immer erst dann, wenn es bereit dafür ist. Zu wissen oder vielmehr auch intuitiv zu spüren, in welchen Momenten und bei welchen Handlungen ein Kind noch Unterstützung benötigt und in welchen Bereichen es sein Handeln schon selbst bestimmen kann, ist sicher eine der größten Herausforderungen für alle Erziehenden. Denn sie stehen immer wieder vor der Gratwanderung zwischen Unter- und Überforderung. Wenn Sie als Elternteil etwas von Ihrem Kind erwarten, das es noch nicht ausführen kann, kann dies Ihr Kind überfordern. Darf es eine Tätigkeit, in der es schon ausreichend kompetent ist, hingegen nicht selbstständig ausführen, wird es entmutigt.

Achten Sie daher immer aufmerksam auf die Signale, die Ihr Kind aussendet. Diese zu erkennen und mit dem richtigen Maß an Nähe, Geborgenheit und zu-

gleich Vertrauen in das selbstständiger werdende Kind darauf zu reagieren, ist Ihre Aufgabe. Vermeiden Sie es, eigene Ängste und Befürchtungen auf Ihr Kind zu projizieren, da Sie es dadurch – wenn auch unbewusst – verunsichern können. Wenn Sie sich auf Ihr Kind und seine Zeichen einlassen, können Sie eine tragfähige Bindung entwickeln, aus der im Laufe der Zeit eine echte Beziehung wird. Dazu müssen Sie vor allem auch eines lernen: das Loslassen.

## INFO

**Kinder wollen können**
Kinder wollen viel, und sie können viel. Sie unterstützen Ihr Kind in seiner Entfaltung vor allem auch dadurch, dass Sie ihm genügend Frei- und Spielraum geben, Dinge selbst zu tun. Denn Kinder müssen ihre Fähigkeiten selbst erproben, um sie einschätzen und weiterentwickeln zu können. Das eigene Tun und die entsprechende Ermunterung sowie Lob verschaffen ihnen dabei immer wieder Glücksmomente und stärken das Selbstbewusstsein.

### Wohin es gehen soll

Fragt man Eltern, was sie sich für ihren Nachwuchs wünschen, dann gehört neben der Beziehungsfähigkeit vor allem auch dazu, dass er seine Talente, Fähigkeiten und Kenntnisse nutzen und richtig einsetzen kann. Eltern möchten, dass aus ihrem Kind ein mit Selbstvertrauen ausgestatteter junger Mensch wird, der einen festen Stand im Leben hat, den für sich richtigen Platz finden und einnehmen kann. Der zudem für sich und die Menschen, die ihm nahestehen, sorgen kann – in vielerlei Hinsicht. Da ist es gut zu wissen, dass die Basis für das Erreichen dieses Ziels in den ersten Lebensjahren gelegt wird.

### Die ersten drei Lebensjahre

In den ersten drei Monaten im Leben eines Kindes stehen vor allem das Ankommen und sich Einrichten „auf dem Programm". Der Säugling muss sich auf die neue Umgebung und das veränderte Körpergefühl außerhalb des Mutterleibes einstellen. Seine Körperfunktionen müssen sich auf die selbstständige Tätigkeit umstellen und einspielen, zudem wollen Wachsein und Schlafen dem Tag-Nacht-Rhythmus angeglichen werden. Eine Hinwendung zur Welt erlebt man in der Regel dann ab dem vierten Monat, und auf dem Weg vom Säugling zum Kleinkind hat ein Baby noch viele Schritte zurückzulegen. Die Entwicklung

# ENTWICKLUNG SCHRITT FÜR SCHRITT

im ersten Jahr verläuft rasant, und nie wieder in seinem weiteren Leben wird sich Ihr Kind so schnell entfalten. Bedenken Sie dabei bitte immer: Jedes Kind hat sein eigenes Tempo und hat vor allem auch ein Recht darauf. Denn die Entwicklung vom Baby zum Kleinkind verläuft prinzipiell in einer bestimmten Reihenfolge, doch die Geschwindigkeit, mit der die einzelnen Entwicklungsstufen erreicht und durchschritten werden, ist individuell und sozusagen selbstbestimmt. Denken Sie daher bitte auch daran, dass die entsprechenden Altersangaben, die hier erwähnt werden, immer Durchschnittswerte sind! Frühstarter, Spätzünder und „Durchschnittskinder" – davon gibt es jede Menge. Manches Kind lässt das Krabbeln aus und macht sofort seine ersten Schritte, andere „laufen" noch eine Weile auf den Knien, bevor sie die ersten Schritte gehen. Wie dem auch sei – lassen Sie sich durch etwaige „Besonderheiten" Ihres Babys nicht entmutigen, denn Eigenheiten sind geradezu normal. Zudem werden sich bestimmte Vorlieben und Abneigungen verändern, andere gehören wiederum einfach zu seinem Wesen. Schließlich durchläuft jeder Mensch im Laufe seines Lebens viele verschiedene Entwicklungsprozesse. Besonders zahlreich und intensiv sind sie jedoch gerade in den ersten Lebensjahren.

## Der innere Plan

Es gibt ein großes Spektrum an zeitlichen Möglichkeiten, innerhalb dessen sich die Entwicklung im Kindesalter abspielt. Daher sind Vergleiche mit Gleichaltrigen schwierig und selten hilfreich. Jedes Kind bringt einen „inneren Plan" mit, nach dem es sich körperlich und geistig entwickeln wird, sowie gewisse Anlagen. Lassen Sie sich also bitte nicht verunsichern, denn die beste Voraussetzung für eine gute Entwicklung ist der sichere Rückhalt, den Sie Ihrem Kind geben können. Schauen Sie vor allem, was es schon besonders gut kann. Sollten Sie es dennoch für möglich halten, dass Ihr Kind in bestimmten Bereichen Entwicklungsdefizite aufweist, wenden Sie sich bitte an Ihren Kinderarzt.

**Sinnesentwicklung und -wahrnehmung**

Die Wahrnehmung wird zu Recht als unser „Tor zur Welt" bezeichnet. Denn alle Informationen und Eindrücke, die wir benötigen, um uns ein Bild von der Welt zu machen, die uns umgibt, und um mit und in ihr aktiv sein zu können, teilen uns unsere Sinne mit. Tasten, Riechen, Schmecken, Fühlen, Hören und Sehen vermitteln auch einem Neugeborenen die ersten Eindrücke seiner Umgebung. Es sind Meilensteine frühkindlicher Sinnesentwicklung und -wahrnehmung, wenn Ihr Kind mit etwa sechs Monaten einen sich bewegenden Gegenstand mit den Augen verfolgen oder ein Spielzeug selbst in der Hand halten und aufmerksam betrachten kann.

Oder wenn es, ebenfalls etwa in diesem Alter, im wahrsten Sinne des Wortes „Fingerspitzengefühl" entwickelt und seine Fingerspitzen dazu benutzt, die Dinge um sich herum zu erforschen. Dazu muss sich die Greiffähigkeit, aber auch das Gefühl in den Fingerspitzen

entwickeln – dann steht dem Forscherdrang nichts mehr im Wege.

Im Alter von etwa fünf, sechs Monaten plappert Ihr Kind zudem erste Silben, indem es verschiedene Laute miteinander verbindet. Wenn Sie ihm genau zuhören, dann werden Sie bemerken, dass es sich dabei selbst zuhört und seine Laute immer mehr der gehörten Sprache seiner Umwelt anzupassen lernt. Lassen Sie sich ruhig immer wieder aufs Neue auf ein Rede- und Antwortspiel ein, Ihr Kind antwortet mit verschiedenen Lauten und Tönen. Gegen Ende des ersten Lebensjahres, vielleicht auch etwas später, beginnt Ihr Kind schließlich die ersten Wörter zu sprechen. Es kann bald darauf Fragen mit „Ja" oder „Nein" beantworten, kleinen Erzählungen folgen und zielgerichtete Handlungen ausführen. Es kennt mittlerweile verschiedene Körperteile und kann diese benennen. Zu den weiteren Meilensteinen im Bereich der Sinnesentwicklung, die ein Kind bis zum Eintritt in den Kindergarten erreicht, gehört die bewusste Unterscheidung von kalt und warm, etwa zwischen dem zweiten und dritten Lebensjahr. Mit dem dritten bis vierten Lebensjahr kann ein Kind dann z. B. auch Gegenstände durch Tasten erkennen. Zudem entwickelt sich die Vorstellungskraft des Kindes weiter: Es kann sich Handlungen und Dinge vorstellen, „So-tun-als-ob-Spiele" spielen, mittlerweile komplexere Sätze verstehen und bereits gehörte Geschichten wiedererkennen.

## Körperwahrnehmung, Gleichgewicht und Bewegung

Körperbewusstsein ist viel mehr als nur die Erscheinungsform und das Spüren des eigenen Körpers. Wer es hat, kann die Möglichkeiten und Fähigkeiten des eigenen Körpers richtig einschätzen und einsetzen. Und dazu gehören die grob- und feinmotorischen Fähigkeiten ebenso

## ENTWICKLUNG SCHRITT FÜR SCHRITT

wie die eigenen Sinne. Zusammen mit ihren motorischen Fähigkeiten entwickeln Kinder übrigens auch ihren Gleichgewichtssinn weiter. Wichtig ist hinsichtlich der motorischen Entwicklung, dass Sie Ihrem Kind immer wieder vielfältige Bewegungserfahrungen ermöglichen – von Anfang an. Denn gerade in den ersten Lebensjahren sind Kinder voller Taten- und Bewegungsdrang. Und sie brauchen diese Erlebnisse, damit sich ihre motorischen Fähigkeiten immer weiterentwickeln können. Sie sind zudem auf Bewegung angewiesen, um ihre sensorischen und geistigen Fähigkeiten ausbilden zu können. Und nicht zuletzt sind diese Bewegungserfahrungen notwendig, damit das soziale Miteinander erfahren und ausprobiert werden kann.

Seine ersten Schritte macht ein Kind etwa ab einem Jahr, und im Alter zwischen drei und vier Jahren kann es das Gleichgewicht so gut halten, dass es kurz auf einem Bein stehen kann. Und es kann i. d. R. schon einen „Menschen" malen. Im Alter zwischen zwei und drei Jahren weiß ein Kind dann übrigens auch, ob es selbst ein Junge oder Mädchen ist.

> ### INFO
>
> **Bewegung muss sein**
> Auch wenn der Bewegungsdrang bei verschiedenen Kindern unterschiedlich ausgeprägt sein kann, wichtig ist er allemal. Denken Sie bitte daran, dass Kinder, die ihrem Bewegungsdrang nicht genügend folgen können, durchaus ein auffälliges Verhalten zeigen können. Dennoch sollte dies nicht mit einer Verhaltensauffälligkeit im Sinne von Hyperaktivität verwechselt oder falsch gedeutet werden!

## Ich bin und ich will

Im Alter zwischen zwei und drei Jahren entdecken Kinder das Wort „ich". Vielleicht haben Sie bereits im ersten Jahr feststellen können, dass sich Ihr Kind für sein Spiegelbild interessiert, sich aber

selbst noch nicht erkennt, sondern das Spiegelbild eher als Spielpartner betrachtet. Die Selbstwahrnehmung, durch die ein Kind sein Spiegelbild dann als Abbild seiner selbst erkennen kann, setzt etwa zwischen dem 18. und 24. Monat ein. Diese Eigenwahrnehmung ist allerdings nur ein Aspekt der komplexen Ich-Entwicklung, da sich diese in vielen kleinen Schritten vollzieht. Dazu gehören unter anderem das Entdecken des eigenen Körpers, das Erkennen von Ursache und Wirkung im Spielprozess etc.

Die Entwicklung des eigenen Willens beginnt beim Kind i. d. R. gegen Ende des ersten bzw. zu Beginn des zweiten Lebensjahres.

> ## TIPP
> 
> ### Ursache und Wirkung
> Ab einem Alter von etwa sieben Monaten beginnt Ihr Kind langsam, den Zusammenhang zwischen Ursache und Wirkung zu verstehen. Zudem entwickelt sich nun das sogenannte vorausschauende Denken. Es sucht nach Stabilität, Regeln und Kontrollierbarkeit. Das bedeutet konkret: Ihr Kind will das Verhalten der Dinge, denen es in der Welt begegnet, sicher vorhersagen können und Gesetzmäßigkeiten erkennen. Probieren Sie es spielerisch aus: Geben Sie ihm z. B. ein Spielzeug in die Hand, an dem es den Zusammenhang zwischen Wirkung und Ursache erleben und erkennen kann. Beginnen Sie mit einer Spieluhr und zeigen Sie, wie die Melodie entsteht. Recht schnell wird Ihr Kind die auslösende Bewegung selbst machen wollen – und das nicht nur einmal.

# Die schönsten Rituale für den Frühling

Den Lauf der Jahreszeiten bewusst zu erleben und dadurch die Wahrnehmung für die Besonderheiten einer jeden Jahreszeit zu schärfen, gelingt besonders mit einprägsamen Ritualen, die Sie Jahr für Jahr wiederholen und auch dem Alter der Kinder entsprechend variieren können.

**Das erste Vogelzwitschern:** Die erwachenden Vogelstimmen gehören zum Frühling wie die sich verändernde Luft. Es riecht plötzlich nach Frühling, und die Tage werden wieder länger. Gemeinsam mit Ihren Kindern können Sie nun die Ohren spitzen – wer hört das erste Zwitschern im neuen Jahr?

**Gemeinsames Pflanzen und Aussäen:** Der März eignet sich hervorragend als Pflanzmonat. Überlegen Sie gemeinsam mit allen Familienmitgliedern, welche Pflanzen Sie neu in Ihren Garten oder auf Ihren Balkon bringen wollen. Suchen Sie dann zusammen die entsprechenden Setzlinge oder Samen aus und veranstalten Sie einen Gärtnernachmittag. Wenn Sie dazu noch einen leckeren Kuchen backen, den Sie sich nach getaner Arbeit gemeinsam schmecken lassen können, rundet das den Tag perfekt ab.

**Das erste Eis des Jahres:** In vielen Regionen ist es noch üblich, dass die italienischen Eisdielen Winterpause machen und erst im März wieder öffnen. Dieser Tag wird meist mit Spannung erwartet. Wenn Sie gemeinsam mit Ihren Kindern auf diesen Tag warten und den Frühling mit „dem ersten Eis des Jahres" begrüßen, dann schmeckt die erste Kugel besonders lecker. Egal, wie an diesem Tag das Wetter ist.

# ENTWICKLUNG SCHRITT FÜR SCHRITT

Der Wunsch, selbst zu entscheiden und bestimmte Dinge zu tun, wächst. In dieser Zeit sehen sich fast ausnahmslos alle Eltern mit den sogenannten Trotzreaktionen ihrer Kinder konfrontiert, wenn diese ihren Willen nicht durchsetzen können. Dabei macht es häufig keinen Unterschied, ob sich Gegenstände nicht der eigenen Vorstellung des Kindes entsprechend verhalten, wie z. B. der Bauklötzchenturm, der über eine bestimmte Größe nicht hinauswachsen will, sondern immer wieder umfällt, oder ob es Mutter oder Vater sind, die eine bestimmte Tätigkeit verhindern.

Trotzreaktionen können sehr vielfältig ausfallen und sind von Kind zu Kind sehr unterschiedlich. Sie hängen zum einen vom Alter und natürlich auch vom Temperament des Kindes ab, zum anderen aber auch davon, wie Eltern in solchen Situationen mit ihrem Kind umgehen.

## INFO

**Mit Verständnis, aber konsequent**
Wichtig ist in dieser Phase, in der das Kind die Auseinandersetzung mit dem eigenen Ich erlebt, dass es seine Eltern als verständnisvoll, aber v. a. auch konsequent erlebt.

(Mehr zum Thema Trotz finden Sie ab Seite 45.)

## Das Gegenüber ist auch

Wenn ein Kind sich selbst wahrzunehmen beginnt, fängt es auch an, andere Menschen als eigenständige Personen wahrzunehmen und auf sie zu reagieren. Bis etwa zum 15. Lebensmonat „antwortet" ein Kind auf Gefühlsäußerungen anderer Menschen vorrangig dadurch, dass es eben dieses Gefühl selbst äußert. Sie

haben sicher schon bemerkt, wie leicht Kinder sich in diesem Alter beispielsweise von dem Weinen eines anderen Kindes anstecken lassen. Später lässt sich ein anderes Verhalten beobachten: Das Kind versucht eher, ein anderes weinendes Kind zu trösten, z. B. durch eine Umarmung oder das Überreichen eines Spielzeugs als Trostpflaster. Dieses Verhalten zeigt, dass das Kind sich nun einfühlend zu verhalten vermag und Empathie entwickeln kann. Wie sich ein Kind im Speziellen in einer solchen Situation verhält, hängt allerdings auch stark davon ab, welche Erfahrungen es selbst gemacht hat. Das bedeutet konkret: Es ist abhängig davon, wie Eltern und andere Bezugspersonen mit sich selbst und ihrem Kind in einer solchen Lage umgehen.

Grundsätzlich gilt: Ein Kind muss erst lernen, seine Wünsche und Bedürfnisse in Einklang mit anderen Menschen zu bringen. Dazu muss es zum einen erkennen, dass auch diese ihre eigenen Wünsche und Bedürfnisse haben, zum anderen benötigt es Vorbilder. Sie werden sehen können, dass kleine Kinder wohl fast bei allem, was sie tun, wissen möchten, wie der Erwachsene dazu steht. Auch darauf wird im Verlauf dieses Ratgebers noch näher eingegangen.

## TIPP

**Verlässlichkeit statt Perfektionismus**
Im Alltag mit Ihrem Kind werden Sie immer wieder auch an Ihre Grenzen stoßen und Fehler machen. Denken Sie daran, dass Sie als Eltern nicht perfekt sein können und auch nicht müssen. Das gehört dazu. Kinder brauchen keine perfekten Eltern. Sie brauchen Eltern, auf die sie sich verlassen können und bei denen sie sich sicher und geborgen fühlen.

## Die Kindergartenjahre

Selbst auszuprobieren und aktiv zu sein, bleibt auch in diesem Lebensabschnitt von elementarer Bedeutung. Kinder, die von klein auf die Gelegenheit hatten, sich aktiv am Alltag zu beteiligen, zu spielen und sich vielfältig zu bewegen, werden nun zunehmend selbstständiger und nicht zuletzt auch geschickter. Zugleich orientiert sich ein Kind in diesen Jahren zunehmend nach außen und findet auch Menschen außerhalb seiner Familie interessant. Seine intellektuellen Fähigkeiten entwickeln sich: Ein Kind in diesem Alter kann nachdenken, sich Konsequenzen bewusst machen und unglaublich kluge Fragen stellen. Es lernt

zu verhandeln und übt sich in Kompromissbereitschaft. Alles in allem sind Kinder in diesem Alter schlichtweg intelligente kleine Menschen – aber eben auch immer noch Kinder.

## Sinnesentwicklung und -wahrnehmung

Die Entwicklung der Sinne ist nach den ersten drei Lebensjahren des Kindes natürlich noch nicht abgeschlossen. Vielmehr verfeinert sich das bislang Erworbene. So kann ein Kind, das zwischen vier und fünf Jahren alt ist, z. B. Farben sehr schnell erkennen und benennen und Gesehenes grundsätzlich schnell erfassen. Ebenso reagiert es auf akustische Wahrnehmungen nun viel schneller. In diesem Alter kann ein Kind dann auch viel besser Empfindungen wie Schmerzen in seinem eigenen Körper lokalisieren und sagen, wo genau es ihm wehtut. Grundsätzlich können Wahrnehmungen und Bewegungen schon recht gut aufeinander abgestimmt werden.

Je mehr sinnliche Erfahrungen ein Kind im Bereich Riechen und Schmecken machen kann, desto ausgeprägter kann sein Geruchssinn werden und sich sein Geschmackssinn entwickeln. Bestimmte Gerüche und Geschmäcke werden nun auch immer stärker erinnert und zudem mit bestimmten Erfahrungen verknüpft.

## INFO

### Fingerfertigkeit

Fünf- bis sechsjährige Kinder haben schon sehr geschickte Finger und auch ihre Koordinationsfähigkeit ist so weit trainiert, dass sie z. B. Hemd- und Jackenknöpfe zumachen und auch mit den Schnürsenkeln ihrer Schuhe eine Schleife binden können.

Und auch der Gleichgewichtssinn hat sich weiterentwickelt: Ein Kind im Alter von vier bis fünf Jahren ist in der Lage, ein Glas mit Wasser zu füllen, ohne etwas zu vergießen und dieses zu tragen, ohne etwas von dem Inhalt zu verschütten.

**Motorik und Körperbewusstsein**

Ab dem dritten Lebensjahr werden Kinder i. d. R. zu richtigen Sportlern. Sie sind, sofern sie die Gelegenheit dazu haben, stets in Bewegung und eignen sich dadurch neue Spielräume an. Laufen, hüpfen, balancieren, rennen und klettern – dies wird alles intensiv ausprobiert. Natürlich gibt es auch hier individuelle Unterschiede zwischen den einzelnen Kindern, doch das grundlegende Bedürfnis nach Bewegung tragen alle in sich.

Zudem weiten die meisten Kinder ihren Aktionsradius nun zusätzlich aus, indem sie sich mit Fahrzeugen wie Dreirad, Roller und dann mit dem Fahrrad auf den Weg machen. Auch das Reaktionsvermögen des Kindes verbessert sich in diesem Alter, Ballspiele gelingen weitaus besser, als dies noch zuvor der Fall war, und auch die Konzentrationsfähigkeit nimmt zu.

Es sei an dieser Stelle noch einmal daran erinnert: Ein Kind, das sich als bewegungs- und dadurch auch als handlungsfähig erlebt, Spielraum im wahrsten Sinne des Wortes hat, kann Selbstbewusstsein und -sicherheit erwerben und nicht zuletzt Ausgeglichenheit.

Im Alter zwischen fünf und sechs Jahren wandelt sich dann auch das Äußere des Kindes merklich: Der letzte Rest

# ENTWICKLUNG SCHRITT FÜR SCHRITT

Babyspeck verschwindet i. d. R. und die charakteristischen Gesichtszüge prägen sich stärker aus. Die Entwicklung vom Kindergarten- zum Schulkind geht mit einer sichtbaren äußerlichen Entwicklung einher. Denken Sie in diesem Zusammenhang z. B. auch an den Zahnwechsel und wie wunderbar „zahnlückig" Kinder in diesem Alter sein können.

## Noch mehr Selbstständigkeit

Es ist bereits angesprochen worden, dass der Wunsch nach Selbstbestimmung sozusagen mit dem Kind wächst. Gerade im Hinblick auf die eigenen körperlichen Bedürfnisse ist dieses Bestreben nach Autonomie ein wichtiger Aspekt der sozialen Entwicklung. Bis hin zum vierten, spätestens fünften Lebensjahr kann das Kind nicht nur alleine essen und trinken, es kann sich ausziehen und auch anziehen. Auch das Trocken- und Sauberwerden ist ein wichtiger Meilenstein auf dem Entwicklungsweg des Kindes.

Die kognitiven Fähigkeiten Ihres Kindes entfalten sich zudem weiter. Vielleicht haben Sie selbst schon bemerkt, dass Kinder im Alter zwischen vier und fünf Jahren beginnen, Pläne zu schmieden. Typisch ist außerdem, dass sie sich Lösungsmöglichkeiten überlegen, wenn sie mit Problemen konfrontiert sind, und diese dann auch äußern. Außerdem erwacht ihr

## TIPP

### Bewegung tut gut

Nicht nur Ihren Kindern tut regelmäßige Bewegung gut. Abwechslung, sich frische Luft um die Nase wehen zu lassen und dabei ausgiebig zu bewegen hilft übrigens auch dabei, dem Stress, der sich möglicherweise zu Hause aufgestaut hat, „Beine zu machen" und ihn verfliegen zu lassen. So profitieren alle davon – und die Atmosphäre verbessert sich prompt.

# ENTWICKLUNG SCHRITT FÜR SCHRITT

> **INFO**
>
> **Individualität**
> Ein Kind zur Individualität zu erziehen bedeutet, dass es seine Stärken angemessen entwickeln kann, sich zugleich seiner Schwächen bewusst wird und diese ebenso als Teil seiner Persönlichkeit annehmen kann.

Interesse an Details. Kinder fangen i. d. R. in diesem Alter an, zu bestimmten Themen, die sie interessieren, nach Einzelheiten zu fragen. Zudem starten sie die ersten Zählversuche und beginnen mit dem Malen von Buchstaben.

## Andere Kinder

Bereits im zweiten und dritten Lebensjahr zeigt ein Kind starkes Interesse an dem, was andere Kinder tun. Ein gemeinsames Spiel ist in dieser Zeit allerdings nur selten und dann auch nur kurz möglich. Stattdessen kann man ein Spielen nebeneinander beobachten. Die soziale Entwicklung ist zu diesem Zeitpunkt noch nicht soweit gediehen, dass Geben und Nehmen und gemeinsames Handeln möglich wäre. Im vierten Lebensjahr beginnen Kinder dann jedoch, miteinander statt nur nebeneinander zu spielen. Es ist ihnen zudem möglich, einfache Regeln einzuhalten und mit anderen Kindern in einer Mannschaft zu spielen. Gerade im Umgang mit anderen Kindern sollten Sie Ihrem Kind in diesem Alter nun auch die Möglichkeit lassen, selbstständiger zu werden und beispielsweise Unstimmigkeiten selbst zu regeln. Kleinere Auseinandersetzungen gibt es unter Kindern häufiger, und diese profitieren am meisten davon, wenn sie die Situation selbst lösen dürfen. Wenn Sie als Erwachsener in einer solchen Situation von einem der beteiligten Kinder einbezogen werden, um beispielsweise den Streit um ein Spielzeugauto zu schlichten, versuchen Sie nicht, den Auslöser des Streites zu ermitteln – das hilft selten weiter. Stattdessen können Sie die Kinder fragen, was sie nun vorhaben, um das Problem zu lösen.

Meist haben die Kinder recht schnell eine gute Lösung parat. Probieren Sie es einfach einmal aus!

## Die ersten Schuljahre

Zum Ende der Kindergartenzeit hat Ihr Kind zahlreiche Entwicklungsschritte absolviert, um sich neuen Anforderungen zu stellen. Denn mit dem Übergang vom Kindergarten in die Schule steht es vor einem ganz besonderen Lebensabschnitt. In diesem Kontext werden gleich mehrere Rollen des Kindes anders definiert, und gleichzeitig kommen neue hinzu. Es muss seine vertraute Position in der Kindergartengruppe aufgeben und eine neue in der Schulklasse erwerben. Es muss sich auf einen Lehrer oder eine Lehrerin einstellen, und zwar nicht nur auf persönlicher Ebene, sondern auch hinsichtlich der Erwartungen, die in der Schule nun an es gerichtet werden. Alte Freundschaften werden möglicherweise auf die Probe gestellt, neue wollen geschlossen werden. Und auch in der Familie selbst ändert sich der Status des Kindes, nun da es ein Schulkind ist. Und nicht zuletzt verändert sich auch der Tagesablauf: Die Freiräume der Kindergartenzeit, in denen viel Zeit zum freien Spiel und eigenen Gestalten blieb, werden nun durch die dem Schulalltag entsprechenden neuen Regeln eingeschränkt. Der Tag bekommt eine neue Struktur. Zugleich beginnt mit dem Start in die Schule auch eine besonders intensive Zeit. Denn die Kinder sind natürlich nicht von einem auf den anderen Tag wie ausgewechselt, sondern zeigen noch immer viel von dem „Im-Augenblick-Sein", erleben ihr Spiel nach wie vor sehr intensiv und können auch immer noch völlig darin versinken. Gleichzeitig werden Schulkindern schon früh ganz neue Fähigkeiten abverlangt. Neben Selbstständigkeit und sprachlicher Ausdrucksfähigkeit sind es auch Gruppenfähigkeit und Durchsetzungsvermögen, mit denen das Kind ausgestattet sein sollte, um gut in den Schulalltag starten zu können.

## Entscheidende Entwicklungsschritte

Das Kind hat in seiner körperlichen Entwicklung den ersten sogenannten Ge-

ENTWICKLUNG SCHRITT FÜR SCHRITT

staltwandel durchlaufen. Es hat Kompetenzen im Spiel erworben. Das bislang überwiegende Rollenspiel geht in diesem Alter allmählich zum Regelspiel über. Die beginnende Schulzeit stellt gerade hinsichtlich der kognitiven Fähigkeiten besondere Anforderungen an das Kind. Es braucht Ausdauer und Aufnahmefähigkeit, um sich über einen bestimmten Zeitraum mit einem Thema befassen zu können. Neben der Konzentrationsfähigkeit wird auch die Neugier des Kindes gefordert, und sein Interesse ist gefragt, wenn es um das Erfassen des neuen Lernstoffes geht. Das Erkennen von Zusammenhängen, von Folgen im Sinne von Gesetzmäßigkeiten und Beziehungen spielt ebenso eine wichtige Rolle. Gleichzeitig ist das Kind auch emotional stark gefordert. Dazu seien an dieser Stelle nur zwei Beispiele genannt. Wenn ein Kind eine ihm gestellte Aufgabe nicht auf Anhieb richtig lösen kann, so braucht es ausreichend Selbstvertrauen, um annehmen zu können, dass es die Aufgabe dennoch auf einem anderen Weg lösen können wird. Es muss zudem, da es sich nun in einer großen Gruppe mit anderen Kindern befindet, auch immer wieder mit kleinen Enttäuschungen umgehen lernen, z. B. wenn es sich meldet und statt ihm ein anderes Kind an die Reihe kommt.

Auch im Bereich der Finger- und Handgeschicklichkeit entwickeln sich Kinder in den ersten Schuljahren zunehmend weiter. Gleichzeitig lernen Sie, Ihr Sehen und Ihre Handbewegungen immer besser aufeinander abzustimmen. Sie haben i. d. R. eine gute Wahrnehmung des eigenen Körpers und einen gut ausgeprägten Gleichgewichtssinn.

### Eine ganz neue Eigenständigkeit

Grundschulkinder gehen einen weiteren Schritt in die Selbstständigkeit. Sie wollen ihre Lebenswelt zunehmend selbst gestalten und sich dadurch neue Freiräume erschließen. Ihr Denken unterscheidet sich nun auch von dem der

# ENTWICKLUNG SCHRITT FÜR SCHRITT

Kindergartenkinder: Generell kann man sagen, dass ein Schulkind sachorientierter denken kann und vor allem auch insgesamt mehr abwägt. Seine Fähigkeit, Probleme zu beschreiben, nimmt zu und damit auch die Befähigung, eigenständig Lösungen zu entwickeln. In der Entwicklung des Denkens vollzieht sich damit der Übergang vom situationsbezogenen zum empirischen Denken. So nimmt beispielsweise auch die Fähigkeit zu, unterscheiden zu können, ob die Lösung eines Problems zufällig oder durch eigene Anstrengung bzw. eigenes Können entwickelt wurde.

Zudem ist das Ich-Bewusstsein des Kindes entwickelt, sodass es sein Verhalten schon nach moralischen Prinzipien wie Gerechtigkeit, Gleichheit oder eben auch gemeinsam erstellten Regeln ausrichten kann.

In der Schulzeit werden auch andere Kinder zunehmend wichtiger. Die sozialen Beziehungen verändern sich dergestalt, dass das Kind weg von der „Nur"-Erwachsenenbindung hin zu beweglichen, situationsbezogenen Kind-Kind-Beziehungen geht. Das bedeutet konkret, dass sich das Kind in seinem neuen Umfeld auch zunehmend an Gleichaltrigen orientiert und Beziehungen knüpft, die sich „ganz einfach" aus bestimmten Situationen heraus ergeben.

Für Sie als Eltern ist es in dieser Hinsicht vor allem wichtig zu wissen, dass Sie Ihr Kind dazu ermuntern sollten, Freundschaften zu schließen und diese zu pflegen. Vor allem sollten Sie Ihrem Kind auch zugestehen, seine eigene Wahl diesbezüglich zu treffen und die selbst gewählten Freundschaften dann natürlich auch zulassen – ohne Kritik. Das ist besonders wichtig, denn Gleichaltrige gewinnen für Ihr Kind nun immer mehr an Bedeutung!

## INFO

**Neue Herausforderungen**

Auch wenn sich ein Kind bereits im Kindergarten mit seinen Altersgenossen vergleicht – in der Schule kommt durch die Leistungsorientierung noch eine andere Komponente hinzu. Es stellt sowohl für Eltern als auch für Kinder eine Herausforderung dar, Situationen zu meistern, in denen ihr Kind sich mit einem Mitschüler vergleicht, der eine bessere Leistung erbringt. Denn dies birgt immer auch das Risiko, dass das Kind sich in seinem Selbstwertgefühl gekränkt fühlt. Im besten Falle allerdings wirkt es sich positiv auf seine Motivation aus.

# Die Bedürfnisse des Kindes

## Aufmerksame Eltern, zufriedene Kinder

Vom ersten Tag an hat die Beziehung zwischen Eltern und Kind eine tragende Bedeutung für die Entwicklung des Kindes. Diese verläuft im besten Falle so, dass sich das Kind angenommen und geborgen fühlt. In einer guten Eltern-Kind-Beziehung erfährt es jeden Tag aufs Neue, dass seine Bedürfnisse von seinen Eltern und anderen wichtigen Bezugspersonen nicht nur wahrgenommen werden, sondern aus seiner Sicht auch adäquat befriedigt werden.

### Bindungsverhalten und grundlegende Bedürfnisse

Neben den Grundbedürfnissen, zu denen Hunger und Durst, aber auch andere körperliche Bedürfnisse wie etwa der Schutz vor Kälte und Nässe und das Bedürfnis nach entsprechender Kleidung gehören, ist der Wunsch nach Geborgenheit elementar. Und auch wenn das Bedürfnis nach Geborgenheit von Mensch zu Mensch individuell ausgeprägt ist, gehört es doch zu den zentralen Bedürfnissen eines jeden Individuums.

Als Vater der Bindungstheorie gilt übrigens der Brite John Bowlby (1907 bis 1990). Seine zentrale These lautet, dass das Bindungsverhalten dem Kind angeboren und ein elementares Bedürfnis eines jeden Menschen ist. Dies gewährleiste Bowlby zufolge dem Kleinkind in gefährlichen Situationen Schutz durch vertraute Erwachsene und sichere damit sein Überleben.

Die vertraute Person, in der Regel Mutter oder Vater, könne zuverlässigen Schutz bieten und die sogenannte „sichere Basis" darstellen, wenn sie urteilssicher und zuverlässig auf die Bedürfnisse des Kindes eingeht. Diese Bezugspersonen sind unabdingbar, wenn das Kind Vertrauen in andere, sich selbst und nicht zuletzt in seine Welt gewinnen soll. Und je ausgeprägter das Urvertrauen des Babys ist, desto besser und sicherer wird es sich auf seinem Weg in die Welt fühlen.

## Das Bindungsempfinden in den ersten Monaten

Gerade in den ersten Lebensmonaten, aber natürlich auch darüber hinaus, sind Wärme, Geborgenheit und körperliche Nähe Empfindungen, denen eine ganz besondere Bedeutung zukommt: Wird ihm all dies zuteil, so gewinnt das Baby ein grundsätzliches Vertrauen, kann das bereits angesprochene Urvertrauen entwickeln und vertiefen. Über Berührungen nehmen Sie den ersten Kontakt zu ihm auf und stellen zunächst eine Verbindung her. Sie können darüber hinaus Ihre Beziehung zu Ihrem Neuankömmling aufbauen.

## Entwicklung der Eltern-Kind-Beziehung

Babys freuen sich über jede Form der liebevollen Zuwendung. Der intensive Kontakt mit Ihrem Baby macht aber nicht nur Spaß, sondern verleiht Ihnen als Elternteil zugleich Sicherheit im Umgang mit ihm. Sie lernen Ihr Kind besser kennen, und können seine ganz individuellen Wünsche und Bedürfnisse anhand seiner zarten Äußerungen auf der nichtsprachlichen Ebene besser einordnen und verstehen. Das gibt Ihnen als Eltern Selbstvertrauen, und jede Form der aufmerksamen Interaktion wird Ihre Wahrnehmung für Ihr Kind weiter schärfen, sodass Sie Ihr Gespür für die Gefühle und Bedürfnisse Ihres Babys weiterentwickeln können.

## Einander verstehen lernen

Nicht immer verstehen sich Eltern und ihr Baby auf Anhieb. Gerade beim ersten Kind kann das Gefühl, unterschiedliche „Sprachen" zu sprechen, aufkommen und sowohl Groß als auch Klein verunsi-

chern. Zur Frustration ist es dann oft nicht mehr weit, und auf Elternseite mag das beunruhige Gefühl auftauchen, vom eigenen Kind nicht angenommen zu werden. Ganz unterschiedliche Einflüsse können dieses Gefühl noch verstärken, schließlich gibt es in der neuen Lebenssituation mehr als einen Stressfaktor.

## Aus Verbindung wird Verbundenheit

Die Verbindung von Eltern zu ihrem Kind wird von verschiedenen Bestandteilen getragen. Von Blick- und Körperkontakt über Geruch, Stimme, Gestik und Mimik bis hin zu Sprache sowie Nahrung, Fürsorge und emotionaler Wärme. Ein Säugling verfügt von Anfang an über kommunikative Fähigkeiten, um sich seiner Umwelt mitzuteilen. Hierbei übermitteln alle Verhaltensweisen, Körperhaltungen und Äußerungen des Säuglings wichtige Informationen für die Eltern. Dabei geht es um mehr als die rein funktionale oder materielle Versorgung und die bloße Anwesenheit. Je stärker ein Säugling das Gefühl des Verstandenwerdens, der Ermutigung und der emotionalen Zuwendung vermittelt bekommt, umso inniger kann sich die Bindung entwickeln und zu einer starken Verbundenheit werden.

> **TIPP**
>
> **Angst vor Missverständnissen**
> Wenn Sie selbst gerade das Gefühl haben, Ihr Baby nicht richtig zu verstehen, dann sollten Sie sich jemandem anvertrauen. Vielleicht kann schon Ihre Hebamme oder auch ein einfühlsamer Arzt weiterhelfen, die Verhaltensweisen Ihres Babys richtig zu deuten und so den Weg für ein besseres Verstehen ebnen.

# DIE BEDÜRFNISSE DES KINDES

ebenfalls zu erreichen versuchen, indem Sie sich, Ihr Verhalten und den Umgang mit Ihrem Kind darauf ausrichten. Sie sind angekommen, steigen aus dem Boot, das Sie zur Insel gebracht hat (und möglicherweise hatten Sie auf Ihrem Weg mit einigen Wellen zu kämpfen). Stolz und glücklich, dass Sie die Insel erreicht haben, bleibt Ihnen jedoch nur wenig Zeit zum Verschnaufen – denn Sie werden bald feststellen, dass Ihr Kind

## INFO

### Bindung verändert sich

Auch wenn Sie es sich als Elternteil eines Kindes im Kindergarten- oder Grundschulalter noch nicht vorstellen können (oder mögen): Das Bindungsverhalten Ihres Kindes verändert sich ständig. In den ersten Lebensjahren kann man durchaus von einer bedingungslosen Bindung sprechen, doch mit der Adoleszenz wird diese Bindung dann langsam, aber sicher aufgelöst. Doch was nach dieser Bindung bleibt, ist im besten Falle eine gut funktionierende Beziehung, die sie im Laufe der Jahre aufgebaut haben. Denn Kinder sehnen sich nach beständigen, liebevollen Beziehungen – in jedem Alter.

### Immer im Wandel

Die Eltern-Kind-Beziehung verändert sich stetig und ist über die Jahre immer im Wandel. Das sollten Eltern im Auge behalten, denn immer dann, wenn ein Kind sich weiterentwickelt hat, gilt es auch, den Status quo der bis dato erreichten Beziehungsform zu überprüfen. Stellen Sie sich das Leben mit einem Kind in dieser Hinsicht einfach wie „Insel-Hopping" vor: Ihr Kind befindet sich mit dem bislang erreichten Entwicklungsstand auf einer Insel, die Sie nun schon auf dem Weg zur nächsten Insel ist und einen weiteren Entwicklungsschritt macht. Sie steigen also in Ihr Boot und machen sich erneut auf den Weg. Nehmen Sie dies mit Humor, denn Ihr Kind wird Ihnen in dieser Hinsicht immer einen Schritt (oder, um bei dem Bild zu bleiben, eine Insel) voraus sein. Das Kind hingegen hat die – zugegeben nicht immer leichte Aufgabe – Ihnen zu zeigen, dass es sich weiterentwickelt hat und dass Sie nun auch dementsprechend mit ihm umgehen sollten. Und denken Sie daran: Die Bindung des Kindes an Sie als Elternteil ist die Grundlage der Erziehung, da das Kind auf Sie (und andere Bezugspersonen) ausgerichtet ist. Dem Aspekt Humor in der Erziehung widmet sich dieser Ratgeber im weiteren Verlauf noch ausführlicher.

## INFO

**Wichtige Voraussetzungen**

Wenn ein Kind sich wohlfühlt und seine Bedürfnisse in dem von ihm benötigten Maße befriedigt sind, kann es seinem inneren Drang nach Entwicklung und Wachstum am besten nachkommen – aus reiner Eigeninitiative, ohne aktive Unterstützung bzw. Förderung der Eltern.

## Wohlbefinden und Entwicklung des Selbstvertrauens

Im vorangegangen Abschnitt haben Sie viel über die Bedeutung der Geborgenheit und die Erfüllung von grundlegenden Bedürfnissen erfahren. Positive Erfahrungen und Beständigkeit in diesem Bereich sind unabdingbar, wenn das Kind ein dauerhaftes Gefühl des Wohlbefindens und zugleich ein positives Selbstwertgefühl entwickeln können soll. Wie bereits angesprochen, verändern sich die Bedürfnisse im Laufe der Zeit in dem Sinne, dass unterschiedliche Komponenten zu verschiedenen Zeiten wichtiger sind als andere. Grundlegend bleibt jedoch, dass die körperlichen Bedürfnisse passend erfüllt sein wollen und sich ein Kind nicht alleingelassen

SPEZIAL

# Die schönsten Rituale für den Sommer

**Ein Feuer zum Mittsommer:** Am 21. Juni findet die astronomische Sommersonnenwende statt. Früher maß man der Mittsommernacht magische Kräfte bei und glaubte, dass Elfen tanzten und Trolle sich hinter den Bäumen und Sträuchern verbärgen. Kinder lieben Geschichten rund um Elfen, Trolle und andere Wesen, und so ist dieses Datum eine wunderbare Gelegenheit, ein Feuer im Garten zu machen und im Lichtschein nach ihnen Ausschau zu halten. Dazu können Sie noch die ersten jungen Kartoffeln zubereiten und diese zusammen mit Hering, Sauerrahm und Knäckebrot verspeisen – ganz in der Tradition des schwedischen Midsommar-Brauchs.

**Erdbeeren ernten:** Erdbeeren sind nicht nur unglaublich lecker, es macht auch sehr viel Spaß, sie gemeinsam im Erdbeerfeld zu pflücken. Jedes Familienmitglied bekommt ein eigenes Erntekörbchen und dann kann es losgehen. Dass dabei nicht jede Erdbeere den Weg in den Korb findet, sondern manch eine im Mund der Pflücker verschwindet, ist klar. Wenn Sie die hoffentlich reiche Ernte dann nach Hause bringen, können Sie zunächst einen frischen Erdbeerkuchen backen und dann noch gemeinsam Marmelade einkochen.

**Das Sommerfest:** Wie wäre es mit Ihrem ganz persönlichen Familien-Sommerfest? Suchen Sie dazu mit allen Beteiligten einen Termin, den Sie auch in den kommenden Jahren beibehalten können. Richten Sie sich z. B. nach dem Vollmond, wenn Sie mögen, dann haben Sie am Abend eine ganz besondere Atmosphäre. Schmücken Sie den Garten, bereiten Sie spezielle Leckereien vor. Wenn Sie keinen eigenen Garten haben, können Sie vielleicht mit einer befreundeten Familie feiern.

fühlen darf. Es benötigt insofern die Gewissheit, dass eine ihm vertraute Person erreichbar und zugänglich ist, wann immer es diese benötigt.

## Der Wunsch nach Akzeptanz

Die Entwicklung des Selbstwertgefühls hängt nicht nur bei Kindern davon ab, wie sehr sie sich von anderen Menschen angenommen und anerkannt fühlen. Ablehnung hingegen beeinflusst das Selbstwertgefühl und auch das Wohlbefinden negativ. Optimalerweise fühlt sich ein Kind bedingungslos angenommen. Das bedeutet konkret, dass es sich so wie es ist, mit allen Stärken und Schwächen und auch unabhängig von seinem Verhalten, akzeptiert fühlt. Gut zu wissen: Kinder erfahren dieses Gefühl viel stärker über das Erleben als über Worte. Nehmen Sie sich also immer wieder Zeit für Ihr Kind, seien Sie bei dem, was Sie gemeinsam tun, mit voller Aufmerksamkeit dabei. Denn dann merkt Ihr Kind, dass Sie Freude daran haben, mit ihm zusammen zu sein, sich mit ihm zu beschäftigen. Die Folge: Es fühlt sich angenommen, in seinem Wesen bestätigt und akzeptiert.

Häufig machen Kinder mit zunehmen-

# DIE BEDÜRFNISSE DES KINDES

dem Alter die Erfahrung, dass ihr Verhalten immer stärkeren Einfluss auf die Anerkennung gewinnt. Dazu gehören z. B. die Reaktionen von anderen Menschen auf das äußere Erscheinungsbild, auf den schulischen Erfolg oder Misserfolg, auf sportliche Leistungen etc. Diese unterschiedlichen Reaktionen haben zur Folge, dass Kinder lernen, sich auf ihre Mitmenschen und im Speziellen auf deren Erwartungen und Ansprüche einzustellen.

## Aufmerksamkeit um jeden Preis

Zum einen sollten Sie wissen, dass jedes Kind anerkannt sein möchte und Aufmerksamkeit sucht. Wenn es diese – aus welchem Grund auch immer – nicht bekommt, können Sie sicher sein, dass es vielfältige „Strategien" entwickeln wird, um Ihre Aufmerksamkeit auf sich zu lenken. Das kann sogar so weit gehen, dass Ihr Kind Sie mit Fehlverhalten zu provozieren versucht und dies ganz bewusst tut. Denn die „negative" Aufmerksamkeit, die es dann i. d. R. in Form von Schimpfen oder Streit bekommt, ist ihm immer noch lieber als keine Aufmerksamkeit. Versuchen Sie daher, auch in stressigen Zeiten aufmerksam zu bleiben und Achtsamkeit Ihrem Kind gegenüber zu üben. Ein Beispiel: Ein fünfjähriges Kind ist durchaus schon so verständig, dass es sein unmittelbares Bedürfnis nach Ihrer Aufmerksamkeit zurückstellen kann, wenn Sie ihm erklären, dass Sie zunächst Ihr Telefonat beenden wollen, bevor Sie sich die Ritterburg, die es gebaut hat, ansehen können. Wenn Sie allerdings mehrfach Äußerungen wie „Ich komme gleich"

verwenden, um Ihr Kind zu vertrösten und sich dann nacheinander verschiedenen anderen Dingen widmen, ist die Wahrscheinlichkeit hoch, dass Ihr Kind Ihre Tätigkeiten immer häufiger unterbricht, bis sie entnervt mit ihm zu schimpfen beginnen.

Denn dann sind Sie ganz bei ihm – dass Sie schimpfen, ist in diesem Moment zweitrangig. Vermutlich werden aber weder Sie noch Ihr Kind sich richtig gut dabei fühlen.

## Die richtige Botschaft

Ihr Kind sollte als Person immer im Vordergrund stehen. Es ist ganz natürlich, dass Sie als Eltern Ihre Akzeptanz auch an das Verhalten Ihres Kindes koppeln – dennoch sollte es sich dabei nie als Mensch in Frage gestellt oder wegen seines Benehmens grundsätzlich abgelehnt fühlen. Sie können ihrem Kind, je nachdem wie stark es sich angesichts seines Alters schon in andere Menschen hineinversetzen kann, sagen, dass Sie sein Verhalten nicht für richtig halten. Vermeiden Sie aber bitte, dies in einen direkten Zusammenhang mit seiner Person zu stellen.

Wenn Sie Ihre Aussage zudem mit einer Ich-Botschaft verknüpfen, kann Ihr Kind damit umgehen. Bitte denken Sie daran: Es kommt immer darauf an, wie Sie etwas sagen.

Sie können Ihrem Kind also durchaus sagen, dass Sie verärgert sind, weil es nicht wie vereinbart vor dem Fußballspielen sein Zimmer aufgeräumt hat, und dass Sie möchten, dass es dies auf der Stelle erledigt. Sie sollten hingegen Sätze wie „Du bist wirklich faul und hörst wohl gar nicht auf das, was ich sage" tunlichst vermeiden. Warum, das erfahren Sie im nachfolgenden Abschnitt. Gut zu wissen: Wenn Sie Ihre eigenen Gefühle mitteilen, verhindern Sie, dass Ihr Kind ihre Reaktion direkt auf sich bezieht und dies als Ablehnung seiner Person versteht.

## TIPP

**Kleine Hilfestellung**

Das Aufräumen ist ein von vielen Eltern als leidig empfundenes Thema. Bei Kindern im Kindergartenalter kann es da durchaus eine Hilfe sein, wenn Sie konkrete Anweisungen geben, mit was Ihr Kind beim Aufräumen beginnen soll, da dies leichter verständlich ist. Ein Satz wie „Zuerst kommen die Autos zurück in ihre Kiste" oder auch Ihre helfende Hand kann die Arbeit rasch in Gang bringen.

# DIE BEDÜRFNISSE DES KINDES

**Konkrete Anleitungen**

Zugleich lässt sich in der Erziehung deutlich mehr erreichen, wenn Kinder konkrete Erfahrungen machen und vorbildhaftes Verhalten erleben können. Belehrungen und Ermahnungen führen i. d. R. meist zum Gegenteil des Gewünschten. Kinder wollen es richtig machen – und Sie brauchen Menschen, die ihnen zeigen und vorleben, wie dies geht. Denn Kinder sind aufgrund der emotionalen Bindung an ihre Bezugspersonen bereit, sich leiten zu lassen – ohne Druck und Zwänge.

**Worte prägen**

Botschaften, wie die, die Sie im vorangegangenen Abschnitt gelesen haben, werden Kindern immer wieder – ob mit oder ohne Absicht – vermittelt. Leider viel zu oft, denn die Problematik liegt zum einen darin, dass eine einzelne negative Botschaft dieser Art sich durchaus stärker in die Erinnerung einprägen kann, als viele positive. Zum anderen wirken Sätze wie „Du bist wirklich ein Tölpel", „Störe mich doch nicht schon wieder, du Nervensäge" – diese Reihe ließe sich wohl beliebig fortsetzen – auf zwei Ebenen, im Bewusstsein und im Unterbewusstsein. Auf der ersten Ebene sorgen sie für Verletzung und Enttäuschung. Das Kind reagiert empfindlich auf die Zurückweisung, die dahinter steckt. Auf der anderen Ebene sorgen sie für eine „Programmierung" des Unterbewusstseins. Das be-

deutet konkret: Das Kind, das immer wieder als Tollpatsch bezeichnet wird, wenn ihm ein Missgeschick passiert, sieht sich ziemlich bald selbst als genau diesen Tollpatsch. Und es wird die „Erwartungen", die hinsichtlich seiner Ungeschicklichkeit an ihn gestellt werden, mit an Sicherheit grenzender Wahrscheinlichkeit erfüllen. Zudem gehen Kinder i. d. R. davon aus, dass die Aussagen der Erwachsenen richtig sind.

## Rhythmus und Rituale

Mit einem gleichförmigen Tagesablauf und wiederkehrenden Ritualen helfen Sie Ihrem Baby, sich eine Vorstellung von der Welt zu machen, die es umgibt. Denn die sich regelmäßig wiederholenden Situationen – wozu am Anfang natürlich vor allem das Füttern, Wickeln und Streicheln zählen – tragen dazu bei, dass Ihr Kind seine Eindrücke ordnen kann. Doch auch für die folgenden Jahre gilt: Geben Sie dem Tag eine verlässliche Struktur, denn Kinder brauchen einen vertrauten Rhythmus, um sich sicher zu fühlen. Gerade in einer immer komplexer werdenden Welt bietet dies einen verlässlichen Orientierungsrahmen. Beliebigkeit und Austauschbarkeit hingegen machen Kinder unsicher. Und ganz nebenbei verschönern Rituale den Alltag.

> **TIPP**
>
> **Eigene Freiräume**
> Mit den Regelmäßigkeiten, die Sie im Familienalltag und insbesondere im Tagesablauf schaffen und etablieren, können Sie auch sich selbst wichtige Freiräume erschließen. So können Sie nach wie vor eigenen Interessen nachgehen, z. B. den Austausch mit Ihrem Partner pflegen, lesen, oder auch Freunde treffen.

### Rhythmus ist ganz natürlich

Morgens geht die Sonne auf, am Abend geht sie unter – auf den Tag folgt die Nacht und umgekehrt. Jeden Tag aufs Neue erleben wir, wie dieser Prozess abläuft, sind damit vertraut und orientieren uns daran. Ganz selbstverständlich. Ebenso ergeht es uns beispielsweise mit dem Verlauf der Jahreszeiten. Es ließen sich noch zahlreiche andere Beispiele finden, denn alle Abläufe in der Natur folgen einem gewissen Rhythmus. Doch es geht an dieser Stelle in erster Linie darum, zu zeigen, wie Sie mit einem rhythmischen Tagesablauf Verlässlichkeit und Strukturen schaffen können, die ein Gefühl der Sicherheit und zugleich auch ein gewisses Maß an Gelassenheit in Ihr Familienleben bringen.

## DIE BEDÜRFNISSE DES KINDES

Denken Sie daran, dass Neugeborene beispielsweise nicht mit einem festen Schlaf-wach-Rhythmus auf die Welt kommen, und auch den Unterschied zwischen Tag und Nacht noch nicht kennen. Schon an dieser Stelle sind Sie als Elternteil gefragt, behutsam einen Rhythmus vorzugeben bzw. Ihrem Spross helfend zur Seite zu stehen. Später ist es dann auch wichtig, dass es einen geregelten Zeitpunkt gibt, an dem das Kind ins Bett geht, da der Abend den Erwachsenen gehört. Kreieren Sie ein festes Ritual, mit dem Sie Ihr Kind ins Bett bringen und das jeden Abend auf das gemeinsame Abendessen folgt. (Ausnahmen sind natürlich erlaubt, sollten für das Kind aber auch klar als solche erkennbar sein.) Ein Beispiel: Wenn das Abendessen sich dem Ende neigt, kündigen Sie an, dass es danach Zeit für „Bad, Buch und Bett" wird. Dann weiß Ihr Kind, dass es sich nun im Bad für die Nacht fertig machen soll, Sie dann mit ihm gemeinsam eine Geschichte lesen und es dann ins Bett gebracht bzw. gehen wird.

### Der Start in den Tag

Nicht immer gelingt der Start in einen neuen Tag gleich gut. Bei kleinen Kindern werden Sie dies vermutlich noch als relativ leicht empfinden, denn die meisten von ihnen sind Frühaufsteher und, zumindest wenn sie ausgeschlafen sind, gut gelaunt und neugierig auf den neuen Tag. Bei Schulkindern kann das schon anders sein. Doch Sie können – von Anfang an – den Start in den Tag liebevoll gestalten und ihm eine besondere Bedeutung in Ihrem Ablauf, in Ihrem Familienleben beimessen.

Wecken Sie Ihr Kind persönlich und heißen Sie es im neuen Tag willkommen. Wie Sie das am liebsten tun, bleibt Ihnen überlassen – Ihrer Fantasie sind da keine Grenzen gesetzt. Wenn Sie mögen, können Sie es mit einem Lied wecken, mit

## TIPP

**Morgens ein bisschen mehr Zeit einplanen**

Meist unterliegen Sie morgens bestimmten äußeren Zwängen, die Ihren Zeitplan mitbestimmen. Wenn Sie zu einem bestimmten Zeitpunkt fertig sein müssen, sollten Sie lieber ein paar Minuten früher aufstehen, um ohne Hektik in den Tag zu kommen. Denn eines werden Sie vermutlich schon selbst bemerkt haben: Worte, Belehrungen und Ermahnungen tragen in den seltensten Fällen dazu bei, dass es schneller vorangeht. Im Gegenteil!

Ihrem ganz persönlichen Guten-Morgen-Spruch, oder ganz „sportlich", indem Sie es aus dem Bett heben (so lange das geht) oder es durchkitzeln. Kinder mögen diese Gesten der Zuneigung, und charmanter als das nüchterne Klingeln des Weckers sind sie allemal.

Wenn Sie die Gelegenheit dazu haben, sollten Sie das Frühstück als gemeinsame Zeit für die ganze Familie etablieren. Der Tag liegt noch vor allen Familienmitgliedern, die Stimmung ist i. d. R. gut und gerade wenn beide Elternteile berufstätig sind, können sie diese Zeit gut gemeinsam nutzen – für ein entspanntes Gespräch, aber auch einfach nur, um zusammen zu sein.

### Schöner Tagesabschluss

Egal, wie anstrengend der Tag war oder ob es Streit gab – versuchen Sie bitte immer, den Abschluss des Tages schön zu gestalten. Denn diese positive Grundstimmung ist für Ihr Kind sehr wichtig. Kinder brauchen gerade am Ende des Tages diese Geborgenheit und eine entspannte, liebevolle Atmosphäre, um zur Ruhe kommen zu können. Denken Sie daran: Jeder Tag hat ein Glanzlicht, an das es sich zu erinnern lohnt. Ein schönes Ritual kann beispielsweise auch sein, sich am Ende des Tages zu erinnern, was einem besonders gut gefallen hat. Sie werden staunen, was Ihrem Kind, aber auch Ihnen dazu einfallen kann. Sei es der Schmetterling, der sich auf die Hand gesetzt hat oder das Eichhörnchen, das man beim Vergraben von Nüssen beobachtet hat – am Abend wird eine solche Episode durch das Erzählen noch einmal lebendig.

### Pausen zwischendurch

Pausen sind mehr als bloßes Innehalten und Stillstehen. Denn in Pausen kann das bislang Erlebte verarbeitet werden. Die Zahl der Eindrücke, die im Laufe eines Tages auf einen Menschen einströmen, ist groß, und gerade Kinder benötigen immer wieder auch die Gelegenheit, diese zu sortieren und „abzulegen". Eine Pause zu machen bedeutet aber, dass

# DIE BEDÜRFNISSE DES KINDES

das Kind sich nicht bloß still verhält, sondern auch, dass es wirklich zur Ruhe kommen kann. Denn viele Dinge fallen nach einer Pause leichter, man fühlt sich ausgeruht und ist mit neuem Tatendrang ausgestattet. Versuchen Sie, die Pausen nicht nur zu einem festen Bestandteil des Tagesablaufes zu machen (bei kleineren Kindern bietet sich dazu der Mittagsschlaf an). Achten Sie auch darauf, dass das Kind tatsächlich zur Ruhe kommt und es sich beispielsweise in seiner Kuschelecke bequem macht – ohne Fernsehen und wenn möglich auch ohne Audiomedien. Denn der Hörsinn ist der einzige, der nicht kurzerhand mal ausgeknipst werden kann. Deshalb tut Ruhe zwischendurch auch einfach gut!

## Alltagsprobleme

Wenn das Verhalten Ihres Kindes sich plötzlich verändert und Sie mit Ihrem gewohntem Erziehungsstil und den kleinen Tricks des Alltags nicht mehr weiterkommen, kann sich schnell Verunsicherung ausbreiten – auf beiden Seiten. Das gilt gerade dann, wenn es sich dabei um das erste Kind handelt und Sie noch keinen eigenen Erfahrungsschatz haben

## DIE BEDÜRFNISSE DES KINDES

## INFO

**Vier Grundgefühle**

Gefühle begleiten uns – Tag für Tag. Sie sind mal intensiv, mal kaum spürbar, sie vermischen sich, und sie gehören untrennbar zu uns, denn wir empfinden ständig etwas. Grundsätzlich kann man vier Gefühle bestimmen, welche die Basis für alle anderen Empfindungen bilden. Diese sind Freude, Traurigkeit, Wut und Furcht. Natürlich ist das Gefühlsleben sehr viel reichhaltiger, doch alle anderen Gefühle sind sozusagen Mischungen aus eben diesen vier Grundgefühlen. Eifersucht setzt sich zusammen aus Furcht und Wut, Hilflosigkeit ist eine Mischung aus Angst und Traurigkeit und kann z. B. Wut zur Folge haben.

aufbauen können, was unterschiedliche Entwicklungsphasen, aber eben auch schwierige Situationen angeht. Dann können zusätzliche Informationen zur Deutung des Verhaltens, das immer auch mit bestimmten Gefühlen verknüpft oder durch Sie beeinflusst wird, eine wichtige Hilfestellung sein. Im Folgenden finden Sie daher zu verschiedenen Themenbereichen Hintergrundinformationen und praktische Tipps.

## Mit Gefühlen ehrlich umgehen

Sie werden es sicher schon beobachtet haben: Kleinkinder sind sehr impulsiv und leben ihre Gefühle unmittelbar aus. Doch schon bald müssen Kinder lernen, wie sie ihre Gefühle im sozialen Kontext ausleben und regulieren können. An dieser Stelle sind Sie als Eltern gefragt. Denn nur, wenn Sie selbst Ihre Gefühle richtig deuten und verstehen, wenn Sie wissen, wie Sie diese zum Ausdruck bringen und auch, wie Sie diese – zumindest teilweise – lenken können, dann können Sie auch verstehen, was in Ihren Kindern vorgeht. Doch nicht nur dieses Gespür ist wichtig, es kommt auch darauf an, dass Ihre Kinder Sie als authentisch im Umgang mit Ihren eigenen Gefühlen erleben. Das bedeutet konkret: Geben Sie sich nicht fröhlich und gut gelaunt, wenn Sie eigentlich traurig oder wütend sind. Denn Kinder haben solch feine Antennen, dass Sie spüren, was mit Ihnen los ist. Sie können es – je nach Alter – aber noch nicht richtig einordnen und spüren vor allem den Widerspruch zwischen dem, was Sie sagen und dem, was sie selbst wahrnehmen. Das kann zum einen zur Folge haben, dass sie sich selbst für den Auslöser halten. Zum anderen wird es für Ihr Kind dadurch schwer, seine eigenen Gefühle adäquat zum Ausdruck zu bringen. Denn dabei

# DIE BEDÜRFNISSE DES KINDES

gilt es immer, die richtige Balance zwischen zu wenig und zu viel zu finden. Bei diesem Prozess können Sie Ihr Kind tatkräftig unterstützen!

## Wut

Vorab: Jeder Mensch hat ein Recht darauf, seine Gefühle zu äußern und sollte dies auch tun, damit sich angestaute Gefühle nicht zu einem späteren Zeitpunkt – in welcher Form auch immer – Bahn brechen. Dies gilt gerade auch für die Gefühle, die oft als negativ bezeichnet werden. Denken Sie bitte daran: Jedes Gefühl hat seine Berechtigung und nur derjenige, der die Bandbreite der Gefühle kennt und in der Lage ist, sie auszuleben, kann ein ausgeglichenes, stabiles Gefühlsleben entwickeln. Es kommt natürlich darauf an, wie Emotionen zum Ausdruck gebracht werden. Daher sind Sie als Erwachsener gefordert, ein gutes Beispiel zu geben. Und immer dann, wenn Sie das Verhalten Ihres Kindes steuern möchten, sollten Sie sich überlegen, was genau eigentlich das Ziel ist. Sprich, welches Verhalten soll Ihr Kind „einüben", welchen Umgang mit Wut wünschen Sie sich und mit welcher Art kommt es wohl auch als erwachsener Mensch am besten zurecht?

### Der Umgang mit Wut

Der erste Impuls eines wütenden Kindes ist wohl i. d. R., etwas hinzuwerfen oder ein anderes Kind zu schubsen. Eine grundlegende Regel sollte zunächst einmal sein, dass man weder sich selbst noch anderen Menschen wehtut. Greifen Sie ein, wenn Ihr Kind sich so verhält und machen Sie ihm deutlich, dass Schläge nicht der richtige Weg sind, um seine Wut auszudrücken. Doch eine Regel allein hilft dem Kind noch nicht, mit der Aggression umzugehen. Sie helfen ihm dabei, indem Sie es dazu anhal-

## DIE BEDÜRFNISSE DES KINDES

ten, seine Wut mit Worten statt mit Taten auszudrücken.

Das bedeutet konkret: Ihr Kind soll seine Wut äußern, und wenn es ihm möglich ist, auch sagen, was der Grund für seine Wut ist. Die eigenen Gefühle auszudrücken, ist ein Lernprozess, den Sie mit gezielten Fragen unterstützen können. Ein Beispiel: „Bist du verärgert, weil ich dir versprochen habe, mit dir zu spielen und stattdessen noch telefoniert habe?" Oder: „Bist du wütend auf Paul, weil er dir den Fußball weggenommen hat?"

### Die Gefühle des Kindes respektieren

Im nächsten Schritt sollten Sie Ihrem Kind zeigen, dass Sie seine Gefühle wahrnehmen und respektieren. Das kann zum Beispiel so aussehen: „Du darfst wütend sein, weil ich mich nicht an die Abmachung gehalten habe. Aber nun können wir mit dem Spiel beginnen." Oder: „Dann überlege doch mal, was du nun lieber machen möchtest, anstatt Paul zu piesacken."

Denken Sie bitte daran, dass es gerade für kleine Kinder noch schwer ist, konkrete Wünsche und Vorstellungen zu formulieren. Auch hier können Sie unterstützend tätig sein, indem Sie mögliche Lösungen vorschlagen. Wenn Sie also hören „Tim hat mir meinen Ball weggenommen", können Sie Ihrem Kind raten: „Dann sage ihm, dass es dein Ball ist und du ihn nun zurückhaben möchtest". Sagt Ihr Kind „Jasper hat mich geschlagen", könnte Ihre Reaktion wie folgt lauten: „Dann sage ihm klar

und deutlich, dass er damit aufhören soll." Gut zu wissen: Ihr Kind wird i. d. R. eher das tun, was Sie selbst machen, als das, was Sie sagen – denn Taten haben schlichtweg mehr Gewicht als Worte. Darüber werden Sie im weiteren Verlauf noch mehr erfahren.

## Trotz

Die Trotzreaktionen eines Kindes sind vor allem Ausdruck seiner zunehmenden Selbstständigkeit und hängen unmittelbar mit dem Entdecken der eigenen Unabhängigkeit und der Ich-Entwicklung zusammen. Das ist definitiv ein Grund zur Freude! Die erste Trotzphase tritt etwa um das zweite Lebensjahr herum ein. Und sie erfordert neben Einfallsreichtum auch einiges an Gelassenheit, wenn Sie sich nicht auf anstrengende Machtkämpfe einlassen wollen. Reaktionen aus Trotz entstehen häufig dann, wenn etwas nicht so abläuft, wie es das Kind möchte, wenn es vielleicht unbedingt etwas haben will, aber nicht bekommen soll. Ein Klassiker unter den Situationen ist wohl die „Süßwarenfrage" an der Supermarktkasse. Und die Reaktionen, zu denen Kinder in der Lage sind, können Eltern durchaus beeindrucken. Rumpelstilzchen ist nichts dagegen! Was also tun?

### Der Umgang mit Trotzreaktionen

Sie können natürlich versuchen, ihr Kind zu trösten, es in den Arm nehmen und durch Streicheln zu beruhigen. Meist gelingt dies jedoch nicht, vermutlich verlängern Sie damit eher noch den Trotzanfall, als dass Sie ihn beenden. Geben Sie hingegen um des lieben Friedens Willen der Forderung Ihres Kindes nach, so müssen Sie sogar darauf gefasst sein, dass Ihr Kind beim nächsten Mal, wenn es seinen Willen durchsetzen möchte, ähnlich reagiert – die Trotzreaktionen werden also eher mehr als weniger. Das Kind hat auf diese Weise eine Strategie entdeckt, um sein Ziel zu erreichen.

**Konsequent bleiben**
Eine Haltung, die zwar zunächst deutlich schwerer erscheint (und gerade in der Öffentlichkeit, z. B. bei der bereits angesprochenen Naschfrage an der Supermarktkasse, durchaus Ihr Durchhaltevermögen fordert), aber letztlich am meisten Erfolg verspricht: Bleiben Sie bei Ihrem Kind, aber lassen Sie es in Ruhe und warten Sie einfach ab. Bleiben Sie konsequent und gehen Sie nicht auf die Forderungen Ihres Kindes ein. Erfahrungsgemäß gilt: Je weniger Aufmerksamkeit Sie einem solchen „Anfall" beimessen, umso schneller geht er vorüber. Und vielleicht können Sie durch die richtige Reaktion, bei der Sie Grenzen setzen, vorab einen „Ausbruch" vermeiden. Ein Beispiel: Anna möchte im Supermarkt unbedingt noch einen Schokoriegel und äußert ihren Wunsch absichtlich schon sehr laut und mehrfach. Ihre Mutter hingegen möchte sich auf diese Weise nicht unter Druck setzen lassen. Allerdings weiß sie auch, dass ein „Nein" jetzt allein nicht reichen wird. Sie reagiert auf Anna, und gibt ihr eine Antwort, die zugleich eine einfache Begründung enthält. Dazu wendet sie sich ganz ihrer Tochter zu, beugt sich zu ihr hinunter und fasst sie an den Händen an. Auf diese Weise spürt Anna die Aufmerksamkeit ihrer Mutter. Diese sagt nun „Ich möchte dir heute keinen Schokoriegel kaufen", zugleich hält sie die Hände ihrer Tochter noch einen Moment lang fest. „Gut?" fragt sie anschließend, und

> **TIPP**
>
> **Das Selbstwertgefühl des Kindes stärken**
> Stärken Sie das Selbstwertgefühl Ihres Kindes. Ermutigen Sie es dazu, eigene Interessen zu entwickeln, und seine eigenen Stärken zu entdecken und weiterzuentwickeln. Wenn Ihr Kind seine eigenen Stärken kennt, muss es andere Kinder nicht um deren Vorzüge beneiden. Ermutigen Sie Ihren Spross zu Neuem, anstatt ängstliche Warnungen auszusprechen. Loben Sie seine Anstrengung auf dem Weg zum Ziel und nicht nur gute Ergebnisse. Ihr Kind benötigt Ihre Unterstützung, indem Sie auf seine Ideen eingehen. Auf diese Weise zeigen Sie nicht nur Ihr Interesse an dem, was Ihrem Kind wichtig ist, sondern auch, dass Sie es ernst nehmen.

nach dem zustimmenden Nicken von Anna bittet sie diese, beim Aufladen der Waren aufs Kassenband zu helfen.

## Neid und Eifersucht

Neid ist ein Gefühl, das Kinder meist im dritten Lebensjahr kennenlernen, und auch dieses Gefühl hängt mit der Entdeckung des eigenen Ichs zusammen. Denn diese Abgrenzung von Anderen bringt noch etwas mit sich: Kinder beginnen nämlich nun, Vergleiche anzustellen. Und wohl jeder von uns kennt diese Mischung aus Sehnsucht und Traurigkeit, wenn er das Gefühl hat, im Vergleich zu Anderen schlechter abzuschneiden. Denn das eigene Selbstwertgefühl hängt immer auch damit zusammen, was der oder die andere kann, darf, hat oder bekommt. Verurteilen Sie Ihr Kind bitte nicht für dieses vermeintlich „schlechte" Gefühl. Neid und Eifersucht gehören zwar zu den gesellschaftlich am wenigsten akzeptierten Gefühlen, doch auch hier kommt es entscheidend auf den Umgang damit an.

Zwei Arten von Neid lassen sich voneinander unterscheiden. Da gibt es zum einen den Neid auf materielle Dinge, auf den Besitz eines anderen Menschen. Vielleicht haben Sie eine ähnliche Situation auch schon erlebt: „Ich will auch so einen Bagger" heißt es, wenn ein Kind stolz sein neues Spielzeug präsentiert. Unter Geschwistern existiert übrigens noch eine Sonderform, die gerne „Futterneid" genannt wird. Der hat jedoch

i. d. R. wenig mit Hunger zu tun, sondern viel mehr damit, dass man seinem Geschwister das letzte Stück Kuchen nicht gönnt. Die andere Sorte von Neid richtet sich auf Nichtmaterielles. Dazu kann man Liebe, Anerkennung, Talent, Erfolg und Aussehen, aber auch bestimmte Vorteile und den sozialen Hintergrund zählen. Zu verstehen, auf was ein Kind im Speziellen neidisch ist, hängt nicht nur von dessen Alter ab, sondern auch davon, wie konkret der Neid empfunden wird. Denn der Neid auf ungleich Verteiltes wie Talent oder Aussehen wird meist nicht offen ausgesprochen, da sich das Kind gar nicht bewusst darüber ist, worauf es eigentlich neidisch ist. Es hat eher das unbestimmte und zugleich ungute Gefühl, benachteiligt zu sein.

### Der Umgang mit Neid

Wer Neid empfindet, der blickt sozusagen durch Scheuklappen auf das, was andere haben. Und verliert sich selbst dabei aus dem Blick. Spontan ist man bei Kindern wohl geneigt, sie auf andere Kinder hinzuweisen, die z. B. weniger Spielzeug oder ein spezielles Talent nicht haben. Das setzt allerdings schon eine große Portion Vernunft voraus. Einem Drei- oder Vierjährigen können Sie mit einer konkreten Aktion sehr viel mehr vermitteln. Ein Beispiel: Packen Sie mit Ihrem Spross zu Weihnachten ein Päckchen, das Sie einer Hilfsorganisation übergeben und das einem anderen Kind zugute kommen wird. Auf diese Weise erfährt es mehr über soziale Unterschiede und kann Sensibilität für dieses Thema entwickeln.

### Nichtmaterielle Werte

Wenn Ihr Kind häufig neidisch ist auf das, was andere Kinder haben, so können Sie auch einmal Ihre eigene Haltung überprüfen. Vielleicht geben Sie diese unbewusst an Ihr Kind weiter. In einem solchen Fall kann es hilfreich sein, nicht-

> **INFO**
>
> **Neid als Motivation**
> Psychologen können Eifersucht und Neid unter Geschwistern durchaus auch einen positiven Aspekt abgewinnen: Das eifersüchtige Kind kommt durch das Gefühl der Abgrenzung, das es zu dem von ihm beneideten Geschwister empfindet, zu einer stärkeren Selbstwerdung. Neid und Eifersucht können daher auch als Anreiz zur eigenen Selbstentwicklung betrachtet, und als Ansporn gesehen werden, herauszufinden, was wirklich fehlt.

# DIE BEDÜRFNISSE DES KINDES

materielle Werte stärker in den Alltag zu integrieren. Ersetzen Sie ein Geschenk beispielsweise durch einen Gutschein für einen gemeinsamen Kino- oder Zoobesuch, durch einen Ausflug zum Abenteuerspielplatz oder durch eine Einladung in seine Lieblingseisdiele. So können Sie ihrem Kind zeigen, dass die Zeit, die Sie zusammen verbringen und gestalten, mindestens genauso viel wert ist wie ein neues Spielzeug. Denn ein gemeinsames Erlebnis ist schließlich durch nichts zu ersetzen.

## Traurigkeit

Auch das Traurigsein hat viele Facetten. Sie müssen sich also keine Sorgen machen, wenn Ihr Kind hin und wieder ohne ersichtlichen Grund traurig wirkt oder schlecht gelaunt ist. Denn das gehört zu seinem Gefühlsleben einfach dazu – genauso wie die gute Laune. Sich einfach auch mal „hängen zu lassen" und schlechte Laune zuzulassen, ist wichtig. Denn kein Mensch kann jederzeit und immerfort gute Laune haben. Ihr Kind sollte auch wissen, dass es völlig in Ordnung ist, ab und an zu weinen, da dies befreiend wirken kann. Gerade für Jungen kann diese Erfahrung sehr wichtig sein. Sie können Ihrem Kind in solchen Momenten am besten Halt geben, wenn Sie einfach für es da sind. Seien Sie zurückhaltend, und achten Sie auf die Signale Ihres Kindes: Möchte es in den Arm genommen werden, auf Ihren Schoß kommen oder kann es eine Berührung im Augenblick nicht ertragen? Verhalten Sie sich zunächst still, aber seien Sie bei Ihrem Kind. Sie werden i. d. R. sehr schnell merken, ob Ihr Kind etwas Zuspruch benötigt. Sätze wie „Ich kann deine Enttäuschung verstehen, es ist völlig in Ordnung, dass du jetzt weinst", oder das Eingestehen der eigenen Traurigkeit können Ihrem Kind viel bedeuten.

Und auch bei älteren Kindern und Jugendlichen sind Phasen der „gesunden Traurigkeit" ganz normal. Denn schließ-

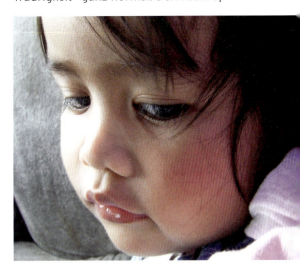

lich gibt es immer wieder Situationen oder auch Aufgaben, mit denen das Kind im Laufe seiner Entwicklung konfrontiert wird, die verunsichern oder zunächst nicht wie erhofft gelöst werden können. Auch sich verändernde Lebensumstände haben Einfluss auf die Stimmung – und das ist ganz natürlich! Und so braucht jeder Mensch hin und wieder Zeit, sich von solchen Erfahrungen zu „erholen". Wichtig ist einfach, dass Ihr Kind das Gefühl hat, sich aufgehoben und angenommen zu fühlen – selbst wenn es sich nicht weiter zu seinem Befinden äußern möchte.

## Angst

Auch Angst ist, wenn sie im richtigen Maß vorkommt, ein völlig normales Gefühl. Angst stellt sich meist in Verbindung mit einer bedrohlichen Situation – oder einer als solche empfundenen – ein. Existiert die bedrohliche Situation tatsächlich, wie z. B. der Lastwagen, der viel zu schnell auf der Straße fährt, welche das Kind gerade überqueren will, dann bringt die Angst vor dem Fahrzeug das Kind vermutlich dazu, am Straßenrand stehen zu bleiben, anstatt einfach loszulaufen. Eine Situation als bedrohlich zu empfinden, die es realistisch gesehen jedoch nicht ist – z. B. dass der Lastwagen bis in den Garten hinter dem eigenen Haus rasen könnte, wirkt eher lähmend.

### Der Umgang mit Angst

Eine der wichtigsten Entwicklungsaufgaben des Kindes zwischen dem dritten und neunten Lebensjahr ist der Umgang mit Angst. In dieser Zeit erfährt es zum einen, dass Ängste zum Leben dazugehören. Zum anderen lernt es, sich seiner Angst bewusst zu werden und kann sie im besten Falle mit selbst ausgedachten

> **TIPP**
>
> **Keine falsche Fröhlichkeit**
> Bitte versuchen Sie nicht, Ihr Kind durch aufgesetzte Fröhlichkeit zu erheitern. Ihr Kind merkt sehr rasch und wirklich immer, ob Sie authentisch sind oder ihm etwas vorspielen. Nähe, Wärme und ein liebevoller Umgang sollten selbstverständlich sein, aber bitte inszenieren Sie kein Schauspiel, um Ihr Kind aufzumuntern. Viel besser ist es, wenn Sie sich gemeinsam alltäglichen Aktivitäten widmen, z. B. den Wochenmarkt besuchen und Einkäufe erledigen oder sich der Gartenarbeit widmen. Das bringt Ihren Spross vermutlich rasch auf andere Gedanken.

DIE BEDÜRFNISSE DES KINDES

Methoden bewältigen. Gut zu wissen: Gelingt diese Angstüberwindung, so entsteht Selbstvertrauen. Zur Bewältigung der Angst brauchen Kinder die Hilfe der Eltern, müssen sich sicher und geborgen fühlen können. Dabei sollten Sie als Elternteil Ihrem Kind auch immer ein gewisses Maß an eigener Kraft und Kompetenz zutrauen, denn je mehr Vertrauen es in sich und seine Fähigkeiten hat, umso kreativer kann es der Situation entgegentreten und diese lösen.

## INFO

**Das gesunde Maß**

Zunächst einmal hat Angst eine durchaus positive Funktion, denn sie macht wachsam und sorgt für Konzentration. Zum anderen setzt sie Energie frei, die in gefährlichen Situationen beispielsweise zur Flucht genutzt werden kann. Nicht zuletzt ist auch der Prozess des Heranwachsens mit einer ganzen Reihe von Erlebnissen und Erfahrungen verbunden, die Verunsicherungen, Zweifel und Ängste auslösen können. Dennoch können kindliche Ängste durchaus auch das normale Maß überschreiten, sodass es zu Problemen im Alltag kommen kann. Bitte beachten Sie, dass es in einem solchen Fall nicht hilft, das Kind zu ermahnen. Denn nur mithilfe gezielter Techniken kann Ihr Kind die Angst in den Griff bekommen.

Wichtig ist, dass Kinder sich in ihrer Angst ernst genommen fühlen. Machen Sie sich also bitte nicht über die Ängste Ihres Kindes lustig oder ignorieren sie gar entsprechende Äußerungen seinerseits. Aber auch Dramatisierungen, also ein Aufbauschen der Angst oder ihr Herunterspielen („Du brauchst doch keine

## INFO

**Gefühle lassen sich beeinflussen**

Wussten Sie, dass Kinder häufig in den gleichen Situationen ängstlich sind wie ihre Eltern? Ein neugieriges, aktives Kind fürchtet sich allerdings zunächst nur vor allen starken, unvertrauten Reizen. Bei der Bewältigung dieser Angst kann ein Erwachsener einfühlsam zur Seite stehen. So kann beispielsweise ein Kind auf dem Arm der Mutter die Angst vor einem großen Hund überwinden, vor dem es zuvor noch weggelaufen ist.

Angst zu haben!") sind unangebracht. Beides löst ein Gefühl der Ohnmacht beim Kind aus und führt zur Angst vor der Angst – geholfen ist damit aber weder Ihrem Kind noch Ihnen. Benutzen Sie Angst deshalb auch nie als Druckmittel: Drohen mit dem Gang zum Zahnarzt, mit bösen Geistern oder gar mit dem Einsperren in einen dunklen Raum – das ist absolut unangebracht.

Stattdessen können Sie Ihrem Kind zuhören, Anteil an seiner Angst nehmen und gleichzeitig darauf achten, dass Ihr Kind eigene Ideen entwickelt, wie es mit der Angst umgehen könnte.

Solange Ihr Kind sich beispielsweise noch nicht rational erklären kann, dass es keine Monster gibt oder dass man in einem Gebäude sicher vor Gewittern ist, sollten Sie ihm einfach mit Verständnis und Geborgenheit zur Seite stehen. Gut zu wissen: Je älter Ihr Kind wird, desto mehr verlieren diese Ängste i. d. R. an Bedeutung.

### Spiel, Magie und Ritual

Denken Sie bitte daran, dass das Problem nur vom Kind selbst gelöst werden kann. Denn das Kind hat – im Gegensatz zu den Erwachsenen – andere, ihm besser entsprechende Möglichkeiten zur Verfügung: Spiel, Magie und Ritual. Diese ureigenen Verarbeitungsfähigkeiten sollten Sie sich zunutze machen. Ein Beispiel: Der fünfjährige Julian hat

## DIE BEDÜRFNISSE DES KINDES

Angst vor dem Monster in der Toilette. Wortreiche Erklärungen dazu, dass es weder Monster in der Kanalisation geschweige denn in der heimischen Toilettenschüssel gibt, sondern diese lediglich seiner Fantasie entspringen, sind hier fehl am Platze. Denn Julian „weiß", dass es dort ein Monster gibt. Und genau davor hat er Angst. Besser ist es in diesem Fall, die Frage an das Kind zu richten, wie es wohl mit dieser Situation umgehen könnte. Und so kann Julian die Idee äußern, das Monster mit Toilettenwasser wegzuspülen oder ihm einfach auf den Kopf zu „pieseln". Ob Sie es glauben oder nicht: Die Wahrscheinlichkeit, dass es danach wiederkommt, ist in der Tat sehr gering. Erwachsene hingegen sind i. d. R. zu gesprächs- und vernunftbetont. Mit der Fähigkeit, im Laufe der Jahre mehr zwischen Fantasie und Realität unterscheiden zu können, entwickelt das Kind dann aber auch realere Ängste wie die vor Krankheit und Tod, vor der Trennung der Eltern etc.

### Langeweile

„Mir ist langweilig!" Das mag zunächst wie ein Hilferuf klingen, und in Ihnen als Elternteil den Impuls auslösen, Abhilfe zu schaffen. Unterdrücken Sie diesen Impuls, denn zum einen sind Sie nicht

für ein Rund-um-die-Uhr-Animationsprogramm verantwortlich, zum anderen – und das ist noch viel bedeutsamer – sind genau diese Leerlaufphasen wichtig. Denn ohne die Ablenkung von Außen wird das Kind auf sich selbst zurückgeworfen und kommt zur Ruhe. Langeweile ist dem Wort nach das Gegenteil von Kurzweil. Man weiß nichts mit sich anzufangen, die Zeit zieht sich hin, wird unendlich lang. Das wird zuerst als „langweilig" empfunden und eben auch zum Ausdruck gebracht. Doch genau dieses Gefühl bildet die Grundlage für eine fundamental wichtige Erfahrung: sich selbst genug zu sein. Ein Kind muss lernen und die wunderbare

Erfahrung machen können, dass es sich in der eigenen Haut und mit sich selbst wohl fühlen kann. Das ist gar nicht so einfach: Vielfach sind Erwachsene dazu noch nicht in der Lage.

## Langeweile ist sinnvoll

Langeweile ermöglicht Kindern, aus eigener Kraft und eigenem Antrieb selbstständig Ideen und Interessen zu entwickeln. Und daran Freude zu haben. Gleichzeitig lernen Kinder dabei, ihre Selbstwahrnehmung wird gestärkt und auch das Selbstbewusstsein wächst. Langeweile ist bei Kindern die Ausgangslage für freies Spiel, für Entdeckungen, Fantasie und Kreativität. Doch um an diesen Punkt zu gelangen, muss ein Kind lernen, die Langeweile auszuhalten. Daher noch einmal die Bitte: Springen Sie Ihrem Kind nicht sofort zur Seite, wenn es „hängt". Denn wenn Sie sofort ein Alternativprogramm zur Hand haben, lernt ihr Kind nicht, aus der Langeweile alleine etwas zu entwickeln. Und damit setzen auch Sie sich auf lange Sicht unter Druck – denn es wird sie immer wieder geben, diese Momente und Phasen, in denen sich Langeweile breitmacht: bei langen Autofahrten, im Wartezimmer beim Arzt oder auch bei Familienfeiern. Wenn Sie in all diesen Situationen reagieren, entsteht dauerhaft

> **INFO**
>
> **Zu viel ist zu viel**
> Kinder brauchen regelmäßige Pausen und Momente der Ruhe. Zu viel Trubel, permanentes Hetzen von Termin zu Termin führt zu Stress, setzt die Kinder unter Druck und verlangsamt ihre ganz persönliche Entfaltung von Fantasie und Selbstwahrnehmung.

Stress – und zwar für alle Beteiligten. Gut zu wissen: Kinder, die täglich mehrere Stunden vor dem Fernseher oder dem Computer sitzen, sind in dieser Zeit nur mit passiven, aber dafür massiv gebündelten Reizen konfrontiert. Das hat zur Folge, dass die eigene Fantasie erlahmt und – in der Tat mühsam – wieder neu entdeckt werden muss. In diesem Fall heißt das Rezept: weniger Fernsehen und weniger Computer und dafür jede Menge sinnliche Erlebnisse!

## Genauer hinsehen

Einen genaueren Blick sollten Sie allerdings dann auf Ihr Kind haben, wenn es sich ständig gelangweilt zeigt. Kinder, die auch beim schönsten Ausflug Desinteresse zeigen und freudlos bleiben, „knabbern" möglicherweise an einem Problem.

# Die schönsten Rituale für den Herbst

**Drachen steigen lassen:** Wenn der Wind so richtig über die Stoppelfelder weht, dann gibt es eigentlich nur eines: Drachen steigen lassen! Denn nicht nur Kinder haben Spaß daran. Und es tummelt sich so einiges am Himmel, wenn Drachenzeit ist. Da sieht man Vögel, Fledermäuse und viele andere Figuren. Wenn Sie mögen, können Sie mit Ihren Kinder die Drachen sogar selbst basteln. Und auch bei Drachenfesten, die vielerorts mittlerweile veranstaltet werden, können Kinder mit etwas handwerklichem Geschick einen eigenen Drachen fertigen.

**Kastanien sammeln:** Das Basteln mit Kastanien ist einer der Klassiker im Herbst. Der Fantasie sind dabei keine Grenzen gesetzt und schon das Sammeln der reifen Kastanien bringt i. d. R. viel Freude. Nehmen Sie auf Ihre Herbstspaziergänge am besten immer einen Beutel mit, denn Kastanienbäume gibt es fast an jeder Ecke. Neben den Kastanien eignen sich übrigens auch Eicheln, bunte Blätter, Bucheckern, Federn und kleine Zweige zum herbstlichen Basteln.

**Kürbis & Co.:** Der Kürbis ist eine klassische Herbstfrucht – und vielseitig verwendbar. Kaufen Sie gemeinsam mit Ihren Kindern einen Riesenkürbis, den Sie zu Hause zunächst einmal aushöhlen. Aus dem Fruchtfleisch können Sie eine schmackhafte Kürbissuppe zubereiten. Den hohlen Kürbis können Sie dann verzieren, indem Sie ein Gesicht hineinschneiden und eine Kerze hineinstellen. Platzieren Sie den Kürbis auf der Treppe vor Ihrem Haus oder an einem anderen besonderen Ort, von wo aus Sie das heimelige Leuchten gut sehen können.

## Typisch Junge, typisch Mädchen?

> **INFO**
>
> **Wunsch nach gemeinsamer Zeit**
> Manchmal steckt hinter der Langeweile auch der Wunsch nach Aufmerksamkeit von den Eltern. Wenn Sie merken, dass Ihr Kind sich nach einem gemeinsamen Spiel oder einer Unternehmung mit Ihnen sehnt und sich diese gemeinsame Zeit wünscht, dann steht dem natürlich nichts im Wege.

Mädchen spielen lieber mit Puppen, Jungen favorisieren Autos. Mädchen lieben die Farbe Rosa, Jungs tragen eher Blau. Zumindest der das Spielzeug betreffende „kleine Unterschied" zeigt sich häufig schon im Kleinkindalter. Doch über die individuellen Fähigkeiten eines Kindes sagt er nicht viel aus. Wie bereits erwähnt, weiß ein Kind bereits im Kindergartenalter, welchem Geschlecht es angehört. Und hier erlebt es dann womöglich auch, dass sich Mädchen und Jungen häufig unterschiedliche Beschäftigungen suchen. Doch ganz so einfach wie „Jungs raufen am liebsten

Stärken Sie Ihrem Kind in einer solchen Situation unbedingt den Rücken, vermitteln Sie ihm Zuversicht und versuchen Sie, gemeinsam mit Ihrem Kind das Problem anzugehen und zu lösen.

und Mädchen ziehen ruhige Tätigkeiten vor" ist es nicht. Kinder haben i. d. R. sehr viel mehr Möglichkeiten, sich zu entfalten, wenn man ihnen offen begegnet und den entsprechenden Raum zur Entwicklung bietet.

Und das bedeutet konkret: Sie sollten nicht auf die Rolle als Junge oder als Mädchen festgelegt werden.

## Besonderheiten sollen sein

Ohne Frage: Die Unterschiede zwischen Mädchen und Jungen gibt es. Und sie dürfen auch sein. Als Elternteil sollten Sie das Ziel der Erziehung daher eher in der Gleichwertigkeit der Geschlechter sehen. Das bedeutet vor allem, dass immer die individuellen Fähigkeiten des Kindes im Vordergrund stehen und zugleich eine Vielzahl von Verhaltensmustern erlaubt ist. Doch diese Art von Erziehung verlangt auch Ihnen als Elternteil die Auseinandersetzung mit der eigenen Rolle von Mann oder Frau ab. Dass Kinder sich an dem orientieren, was ihnen vorgelebt wird und was es in seinen Beziehungsnetzen erlebt, ist bereits erwähnt worden. Und so hat es auch einen großen und vor allem prägenden Einfluss auf das Kind und sein Verständnis der Geschlechterrollen, was Eltern, Erzieher und Erzieherinnen, Lehrer und Lehrerinnen vorleben. Bereits mit dem Schulstart ist dem Kind das Rollenverständnis, das es in Familie und im Kindergarten erlebt und gelernt hat, sehr vertraut.

## Geschlechtsspezifische Förderung

In Schule und Freizeit werden Mädchen mittlerweile gezielt gefördert: Es gibt sogenannte Mädchentage oder Mädchengruppen, in denen sie nach ihren eigenen Bedürfnissen und Anlagen lernen und sich so Verhaltensweisen aneignen können, die eben nicht als typisch weiblich gelten. Doch auch Jungen werden immer noch mit „typischen" Eigenschaften charakterisiert. Es lohnt sich immer wieder der genaue Blick. So steckt hinter dem Raufen vieler Jungen häufig der Wunsch nach Nähe, und ferner das Bedürfnis, auch mal weiche Seiten zulassen zu können.

### TIPP

**Durchsetzungsvermögen lernen**
Da Jungen häufiger mit Situationen konfrontiert werden, in denen Gewalt eine Rolle spielt, sind sogenannte Selbstbehauptungskurse empfehlenswert. Hier lernen Kinder, sich durchzusetzen und zu wehren, ohne selbst aggressiv zu werden.

## DIE BEDÜRFNISSE DES KINDES

Gleichzeitig lieben Jungen jedes Alters das spielerische Raufen und Toben. Beim gemeinsamen Kräftemessen – idealerweise mit dem Vater oder einer anderen männlichen Bezugsperson – können Jungen übrigens ganz nebenbei verschiedene Dinge lernen. Zum einen können sie ihre eigene Kraft und den Umgang damit lernen, indem sie auch einmal gebremst werden, wenn es zu wild hergeht. Ihr Sohn kann das Gewinnen und Verlieren lernen und erkennen, dass das Spiel selbst den eigentlichen Spaß bringt. Vater und Sohn oder Freund und Sohn sind sich bei einem solchen Raufspiel zudem besonders nah.

Heutzutage passiert es häufig, dass Jungen leider auch auf Gewalt reagieren müssen. Sie sind jedoch nicht per se gewalttätiger als Mädchen. Generell benötigen sie einfühlsame Unterstützung darin, einen Zugang zu ihrem Körper und auch zu ihren Gefühlen zu bekommen. Und nicht zuletzt sind männliche Vorbilder wichtig, die ihnen vermitteln, dass Konflikte eben auch leise und mit Kompromissen gelöst werden können.

# Verhalten und Rolle der Eltern

## Bedeutung der Eltern

Vor allem in den ersten sieben Jahren seines Lebens lernt ein Kind durch Nachahmung. Das bedeutet zunächst, dass Sie als Eltern in allem, was Sie tun, Vorbild für Ihr Kind sind – ob Sie das nun möchten oder nicht. Denn Ihr Kind kann i. d. R. noch nicht entscheiden, ob das, was Sie tun, nachahmenswert ist oder eher nicht. Und somit wirkt Ihr Tun vorbildlich. Dies sollten Sie wissen, denn es bedeutet nicht nur große Verantwortung für Sie, sondern gibt Ihnen auch die Gelegenheit, zahlreiche positive Dinge in Ihrem Kind anzulegen. Über die elterliche Vorbildrolle erfahren Sie im weiteren Verlauf des Kapitels noch

mehr. Blicken wir nun zunächst noch einmal auf die Anfänge der Eltern-Kind-Beziehung.

### Elterliche Intuition und Kompetenz

Sie als Elternteil haben von Beginn an bereits ein sehr gutes Gespür dafür, was Ihr Kind bewegt. Schließlich kennen Sie es besser als andere Menschen, denn die Verbindung, die es zu Ihnen hat, ist einzigartig. Daher dürfen Sie sich und vor allem Ihrer Intuition auch und ge-

> **INFO**
>
> **Familie als Basis**
> Grundlegende Voraussetzungen für eine gute Atmosphäre in der Familie sind Wertschätzung und Vertrauen. Eine Familie wird getragen von menschlicher Güte, Warmherzigkeit und Mitgefühl. Die wichtigsten Dinge, die Sie Ihren Kindern mit auf den Weg ins Leben geben können, sind Liebe, Geborgenheit und Halt – und zwar ohne Erwartungen Ihrerseits.

rade in schwierigen Situationen vertrauen. Es kann durchaus Gegebenheiten geben, in denen Unsicherheit aufkommt – allein das ist schon normal. Doch Sie dürfen sich auf Ihre sozusagen „angeborene" Intuition verlassen, und Sie werden Ihre elterlichen Fähigkeiten im Laufe der Zeit mehr und mehr verfeinern können.

Sie werden es vielleicht schon selbst bemerkt haben, wie durch eine im Sinne aller Beteiligten richtig gelöste Situation Ihr Vertrauen in Ihre eigene elterliche Kompetenz wächst. Und dieses Selbstvertrauen benötigen Sie, schließlich werden Sie durch ein heranwachsendes Kind immer wieder mit Unbekanntem konfrontiert. Sich auf neue Situationen einzulassen und der Wunsch, angemessen darauf zu reagieren – das gehört ab jetzt zu Ihrem Alltag. Hören Sie dabei immer auch auf Ihren Bauch! Denn der weiß meist schon recht gut, was für Ihr Kind richtig und geeignet ist.

## Spaß im Alltag

Im Zusammenleben mit Kindern sollten Sie Ihren Sinn für das Wesentliche schärfen und auch Kleinigkeiten Beachtung schenken. Lernen Sie selbst noch einmal, zu staunen und einzelne Augenblicke zu genießen. Denn auf diese Weise können Sie Ihren Kindern Freude schenken: Sehen Sie Dinge in Ihrer Umgebung gemeinsam als etwas Wunderbares und zeigen Sie, wie wichtig allein das Dasein und das Miteinander sind. Dazu gehören z. B. auch liebevolles Spielen und Necken, denn Sie lockern dadurch und durch das gemeinsame Lachen das Klima in Ihrer Familie deutlich auf. Zugleich können Sie so die emotionalen Beziehungen festigen. Sie haben es vielleicht selbst schon bemerkt: Beim Spiel erfasst Eltern oftmals die gleiche Freude wie das Kind. Zudem kann ein Kind durch liebevolle Neckereien lernen, Spaß zu verstehen, Ärgernisse nicht so ernst zu nehmen und auch nicht sofort gekränkt zu reagieren.

Nun fragen Sie sich vielleicht, wie es gelingen soll, im Alltagstrott und unter verschiedenen Belastungen humorvoll zu bleiben? Humor lässt sich nicht erzwingen, das stimmt, aber Sie können durchaus Ihre eigene Haltung hinterfragen, wenn Sie das Gefühl haben, dass Ihnen das Fröhlichsein nicht sonderlich gut gelingt. An welcher Stelle bewerten Sie die Dinge möglicherweise selbst zu schwer, wo lassen Sie sich allein von Ernsthaftigkeit leiten und wo liegen möglicherweise eigene Schwächen und Unsicherheiten? Denken Sie daran, gerade als Erziehender sind Sie immer auch Lernender, da Ihr Kind Sie immer wieder mit Ihren eigenen Stärken und Schwächen konfrontiert und Ihnen in vielen Situationen sozusagen einen Spiegel vorhält.

## Soziales Lernen

Seine Wünsche und Bedürfnisse in Einklang mit anderen Menschen zu bringen, muss ein Kind erst lernen. Dies kann es nicht von Anfang an, und Sie werden sicher schon festgestellt haben, dass ein kleines Kind i. d. R. alles sofort möchte, und bitte immer genau dann, wenn es ihm einfällt. Das Aufschieben seiner Bedürfnisse gelingt ihm erst im Laufe der Kindergartenjahre. Denn dazu muss es zum einen erkennen, dass auch andere Menschen Wünsche und Bedürfnisse haben. Zum anderen benötigt das Kind Vorbilder, die ihm zeigen, wie es geht. Sie werden sehen können, dass kleine Kinder wohl fast bei allem, was sie tun, wissen möchten, wie der Erwachsene reagiert.

Deshalb ist z. B. das Setzen von Grenzen von zentraler Bedeutung. Dabei kommt es nicht nur auf Worte, sondern vor allem auch auf das entsprechende Handeln an. Und das gilt gerade auch für

Sie: Das, was Sie sagen, muss mit dem übereinstimmen, was Sie tun, sprich mit dem, was das Kind sieht. Denn in den ersten Jahren sind Gesten und Gebärden für das Kind wichtiger als Worte. Durch sie kann es letztlich verstehen, was wirklich gemeint ist.

### Auf einer Ebene mit dem Kind

Suchen Sie immer den Blickkontakt zu Ihrem Kind, wenn Sie ihm etwas sagen möchten und achten Sie dabei auf Ihre Stimmlage. Wenden Sie sich also unbedingt Ihrem Kind zu, wenn Sie mit ihm sprechen. Das kann auch beinhalten, dass Sie sich auf seine Ebene begeben und Körperkontakt herstellen, um seine Aufmerksamkeit auf sich zu lenken. Denken Sie daran, dass das, was Sie sagen, auch „sichtbar" wird.

### Eindeutige Botschaften

Ein Beispiel: Wenn Sie Ihr Kind auffordern, zu Tisch zu kommen, weil das Essen bereits auf dem Tisch steht, Sie selbst aber noch einmal die Küche verlassen, um kurz ein Telefonat zu erledigen (und sei es, weil Sie denken, dass Ihr Kind sowieso nicht sofort erscheinen) – dann ist die Botschaft für Ihr Kind nur auf der Handlungsebene ziemlich eindeutig. Und die sagt ihm, dass es ja wohl nicht so eilig sein kann, da Sie selbst ja auch noch nicht bei Tisch sind. Zudem werden Sie sich in Ihrer Vorahnung bestätigt sehen. Eindeutig und stimmig im Hinblick auf Wort und Bild hingegen ist die Situation, wenn sie wie folgt abläuft: Sie rufen Ihr Kind zu Tisch, und wenn es sich daraufhin weder äußert noch „Anstalten macht" in die Küche zu kommen, gehen Sie direkt zu Ihrem Kind, legen ihm beispielsweise die Hand auf die Schulter, sehen ihm direkt in die Augen und sagen ihm, dass nun gleich das Essen beginnt. Dann gehen Sie gemeinsam in die Küche und nehmen am Küchentisch Platz. Hilfreich sind immer auch Gesten, wie dem Kind den Weg zu weisen, seinen Platz zu zeigen etc. Denn zugleich lernt es dadurch solche Gesten der Höflichkeit kennen und kann Sie ganz nebenbei in sein Verhaltensrepertoire aufnehmen.

## Humor in der Erziehung

Auch wenn Sie selbst nicht in jedem Moment Verständnis für das Tun ihres Kindes haben, versuchen Sie bitte, sofern es eben möglich ist, es mit einem liebevollen Lächeln zu unterstützen. Denn dies bestätigt Ihr Kind in dem, was es gerade macht – und auch grundsätzlich. Denn ein solches Lächeln zeigt Ihrem Kind auch, dass die Welt in Ordnung ist

## TIPP

**Über Fehler lachen**

Bitte machen Sie Ihr Kind nicht lachend auf einen Fehler aufmerksam. Es ist so feinfühlig, dass es die darin liegende Herabsetzung spürt, es fühlt sich bloßgestellt und als dumm belächelt. Viel besser ist es, wenn Sie gemeinsam über das Missgeschick und die Folgen lachen, sofern es möglich ist – und nicht über den, dem es passiert ist.

und es sich sicher fühlen kann. Genervte Blicke oder eine abweisende Miene schüchtern das Kind ein. Denken Sie bitte daran!

### Mit Humor geht alles leichter

Prinzipiell gilt, dass Sie mit einer großen Portion Humor auch mehr erreichen können als mit Ernsthaftigkeit und Strenge. Denn das ist um einiges leichter und sorgt zudem für lachende Kinderaugen. Eine humorvolle Einstellung kann Ihnen so manches Mal helfen – und das nicht nur bei der Erziehung. Denn dies gilt auch für viele Alltagssituationen sowie für bestimmte Momente im Berufs- und auch im Beziehungsleben. Wenn es Ihnen gelingt, mit einem humorvollen Blick auf die Dinge zu schauen, dann muss nicht alles auf die Goldwaage gelegt werden. Sie können mit etwas Humor die Dinge relativieren, nicht ernster nehmen, als es sein muss und auch einmal Fünfe gerade sein lassen. Wenn Sie diese Haltung praktizieren, dann werden Sie feststellen, das dies sehr erleichternd wirken kann und die Dinge dadurch tatsächlich einfacher vonstatten gehen.

# VERHALTEN UND ROLLE DER ELTERN

## INFO

### Mehr als nur Spaß

Mit Humor schaffen Sie eine positive Grundstimmung innerhalb Ihrer Familie, die nach innen, aber auch nach außen wirkt. Sie geben Ihren Kindern damit aber noch weit mehr mit auf den Weg: nämlich die Fähigkeit, der Welt mit Sympathie und Herzlichkeit zu begegnen.

Auf den Erziehungsalltag übertragen heißt dies beisielsweise, dass Sie Frechheiten, so empfundene Aufmüpfigkeit und vor allem auch den Eigensinn Ihres Kindes keinesfalls als Angriffe auf Ihre eigene Person und die elterliche Autorität auffassen sollten. Nehmen Sie den „bösen Willen im Augenblick" nicht ernst und setzen Sie ihm stattdessen Ihren Humor entgegen. Und zwar kraftvoll und mit Fantasie! So können Sie Ihren kleinen Wüterich, der sich gerade ganz fürchterlich aufregt, in spielerischer Form „bei den Hörner packen" und versuchen, diese Hörner pantomimisch zu verknoten oder „abzusägen". Oder haben Sie schon einmal versucht, die Wut mit aller Kraft gemeinsam aus dem weit geöffneten Fenster in den Garten zu scheuchen? Probieren Sie es einmal aus, denn es macht in der Tat nicht nur Spaß, sondern entzieht der Begebenheit auch ihren Ernst und bringt Sie und Ihr Kind i. d. R. meist rasch auf eine andere Ebene.

## VERHALTEN UND ROLLE DER ELTERN

Noch ein Tipp: Aufgaben, um die man in heiterem Sinne statt in strengem Befehlston bittet, lösen bei Kindern erfahrungsgemäß wenig Widerstand aus. Denn der Aufforderung von jemandem, der einen herzlich anlächelt und dabei auch einfach freundlich ist, kommt man wohl meist gerne nach. Doch für jemanden, den man (zumindest im Augenblick) überhaupt nicht leiden kann, strengt sich ein Kind nicht sonderlich gerne an. Das ist übrigens nicht nur bei Kindern der Fall!

### Eine neue Perspektive

Mit Humor geht es in der Tat meist leichter. So lassen sich häufig auch neue, vielleicht etwas unkonventionelle Lösungen finden, mit denen Sie kritische Situationen im Alltag entspannen können. Denn ein gemeinsames Lachen kann so manchem Problem, so mancher Krise und Enttäuschung die Schwere nehmen. Sie löst sich nicht in „Nichts" auf, aber der humorvolle Blick des Erwachsenen ist fähig, die Situation in ihrem gesamten Ausmaß in den Blick zu nehmen, zu relativieren und den Fokus auf das Positive zu wenden. Dies beinhaltet einen Weitblick und durchaus auch eine Portion Lebensweisheit, die dem Kind einfach noch fehlen.

Das heißt konkret: Ein verlorenes Fußballspiel oder eine schlechte Schulnote bedeuten nicht das Ende der Welt. Und elterliches Tadeln steigert nicht unbedingt die Motivation. Suchen Sie stattdessen gemeinsam nach Lösungen, bei denen vor allem auch deutlich werden sollte, dass das Kind noch andere Dinge sehr gut kann!

## VERHALTEN UND ROLLE DER ELTERN

Doch bitte bedenken Sie, dass auch beim Einsatz von Humor in der Erziehung Konsequenz eine große Rolle spielt: Reagieren Sie also bitte nicht nur vereinzelt mit einem Augenzwinkern, während Sie ansonsten die Beherrschung verlieren. Seien Sie auch in diesem Punkt unbedingt geradlinig.

### Kinder lernen durch Vorbilder

Was in den ersten Lebensjahren vorgelebt wird, wird vom Kind i. d. R. angenommen. So lernt ein Kleinkind nicht allein die Geschicklichkeit im Umgang mit der Zahnbürste, sondern übernimmt meist gleichzeitig von den Eltern oder älteren Geschwistern die Dauer des Zähneputzens sowie die Zeiten, zu denen geputzt wird. Noch einmal zur Erinnerung: Wenn Sie selbst die Gewohnheit besitzen, z. B. aus morgendlicher Zeitnot heraus mit der Zahnbürste im Mund durch die Wohnung zu laufen, um gleichzeitig noch Ihre Tasche fürs Büro zu packen, dann dürfen Sie sich nicht wundern, wenn Ihr Kind Ihnen beim Herumlaufen mit der Zahnbürste im Mund begegnet, anstatt konzentriert am Waschbecken zu stehen.

Über die Bedeutung von regelmäßig wiederkehrenden Handlungen im Tages- oder Jahresablauf haben Sie schon einiges erfahren, und die Regelmäßigkeit, mit der sie wiederkehren, erleichtert zugleich deren Beachtung.

Egal, ob es sich um das abendliche Gute-Nacht-Ritual handelt, die Abläufe bei den gemeinsamen Mahlzeiten wie beispielsweise der gemeinsame Tischspruch vor dem Essen, ob es sich um gute Gewohnheiten und gesellschaftliche Höflichkeitsregeln handelt - sie geben Kindern im Alltag Halt und sie werden am effektivsten durch das Erleben verinnerlicht.

Vorbilder vermitteln Kindern emotionale Sicherheit und kognitive Orientierung. Je stimmiger und selbstverständlicher

### INFO

**Der Blick fürs Detail**
Versuchen Sie immer wieder, Ihrem Kind Offenheit für die Schönheit des Augenblicks und den Wert „kleiner" Dinge zu vermitteln. Denn wenn Kinder nicht offen sein können für das, was in ihrem durchaus überschaubaren Lebensumfeld Beachtung verdient und wertvoll ist, so fehlt ihnen beim Heranwachsen die Erfahrung in diesem Bereich. Die Folge: Es wird ihnen schwer fallen, bestimmte Werte zu erkennen, zu achten und sich für sie einzusetzen.

SPEZIAL

# Die schönsten Rituale für den Winter

**Laternenlauf:** Ganz klassisch findet ein Laternenumzug am 11. November, dem Martinstag, statt. Doch ein abendlicher Spaziergang durch die Dunkelheit, mit einer selbst gebastelten und liebevoll gestalteten Laterne und bei Kerzenlicht, muss nicht auf diesen Tag beschränkt bleiben. Gerade ein Lauf durch den Wald oder einen ruhigen Park macht Kindern besonders viel Freude und bringt im wahrsten Sinne des Wortes Licht in die dunkle Jahreszeit. Wenn Sie dann noch die entsprechenden Lieder anstimmen, entsteht eine ganz besondere Atmosphäre.

**Winterwaffeln backen:** Winterzeit ist Backzeit, und zwar nicht erst dann, wenn die Weihnachtsplätzchen vorbereitet werden. Suchen Sie gemeinsam mit Ihren Kindern ein ganz spezielles Rezept aus bzw. verfeinern Sie ein altbekanntes Rezept mit einer typischen „Winternote" – und machen Sie z. B. aus den klassischen Waffeln Apfel-Nuss- oder Zimtwaffeln. Ihrer Fantasie sind hier keine Grenzen gesetzt! Sie werden sehen, wie viel Spaß nicht nur das gemeinsame Zubereiten und Essen macht, sondern auch, wie stark ein solches Rezept mit einer Jahreszeit verbunden und erinnert werden kann.

**Schlittschuh laufen:** Wer das Glück hat, an einem seichten Fluss oder See zu wohnen, wartet vielleicht schon sehnsüchtig auf die ersten eisigen Nächte, in denen das Wasser gefriert und eine tragfähige Eisdecke entstehen lässt. Schlittschuh laufen gehört zum Winter schlichtweg dazu – und macht natürlich auch im Eisstadion Spaß.

VERHALTEN UND ROLLE DER ELTERN

sie erlebt werden, umso wirkungsvoller sind die Eindrücke, die sie hinterlassen. Je älter sie werden, umso mehr müssen Kinder dann eigene Entscheidungen angesichts der damit verbundenen Konsequenzen treffen. Doch gerade in neuen Lebenslagen benötigt der Nachwuchs immer wieder auch Ideen und Entscheidungskriterien, um sich bei der Entscheidungsfindung orientieren zu können. Auch hier kommt den Vorbildern, die gerade im Schulalter auch nicht mehr aus dem innersten Familienkreis stammen müssen, große Bedeutung zu.

## Kinder sind eben Kinder

Sie sollten sich als Erwachsener diese Vorbildrolle immer wieder vor Augen führen. Und Sie können, wie bereits angesprochen, davon ausgehen, dass Ihr Kind aufgrund seines Bindungsverhaltens bereit ist, Ihnen zu folgen. Sie sollten zugleich bedenken, dass eine allzu vernunftorientierte Ansprache zumindest bis zum Grundschulalter nicht besonders Erfolg versprechend ist. Viel zu häufig machen Eltern langatmige Erklärungen statt klarer Aussagen und sind enttäuscht, dass dies nicht funktioniert. Sie setzen dabei aber ein Maß an Reflexionsfähigkeit und Urteilsvermögen voraus, das ihnen ganz selbstverständlich erscheint, ein Kind in diesem Alter aber schlichtweg noch nicht

haben kann. Kinder wünschen sich Orientierung und Menschen, die ihnen diese geben können. Wenn Sie sich als Elternteil ständig nach den Launen des Kindes richten und es auf diese Weise die Rich-

## INFO

### Kinder brauchen Kinder

Kinder brauchen auch andere Kinder als Vorbild, und sie wollen Dinge allein ausprobieren. Das erweitert ihren sozialen Horizont, denn andere Kinder verhalten sich naturgemäß anders als Erwachsene. Sie sind nicht immer fürsorglich, nehmen nicht immer Rücksicht, wollen nicht belehren. Auch damit muss ein Kind lernen, umzugehen. Wo Kinder verschiedenen Alters zusammen sind, lernen Größere Rücksicht auf Kleinere zu nehmen, Kleinere schauen sich viel von den Größeren ab. Für viele Dinge im kindlichen Kosmos sind Kinder mit einem geringen Altersvorsprung oft die besten Lehrmeister. Denn sie kennen die Schwierigkeiten, die eine Sache macht, haben sie diese doch vor kurzem erst selbst erfolgreich überwunden. Das macht Mut und übt auf die Jüngeren einen ganz besonderen Reiz aus.

VERHALTEN UND ROLLE DER ELTERN

tung vorgeben lassen, werden Sie sehr schnell feststellen müssen, dass das Ergebnis alles andere als eine klare Richtung ist. Die Folge: Alle Beteiligten sind unzufrieden, werden nervös und der Krach ist fast schon vorprogrammiert. Sie sind derjenige, der die Entscheidungen treffen muss – zumindest alle, die in einem größeren Zusammenhang stehen. Wenn Sie Ihr Kind immer wieder fragend in Dinge einbeziehen, die es noch nicht vollends überblicken kann, nehmen Sie ihm zugleich auch seine Unbeschwertheit.

### Gute Gewohnheiten

Wenn Sie die notwendigen Arbeiten und Verrichtungen im Alltag vorleben anstatt nur davon zu sprechen, dann können Sie auf diese Weise die Dinge, die getan werden müssen, zur guten Gewohnheit werden lassen. Das Zähneputzen ist schon angesprochen worden, aber auch das Händewaschen vor dem Essen, das Arbeiten rund um die Mahlzeiten und andere Tätigkeiten im Haushalt können Sie in den Tagesablauf so integrieren, dass Sie gemeinsam mit Ihrem Kind Freude daran haben. Und bald müssen Sie Ihr Kind z. B. zum Händewaschen nicht mehr begleiten oder gar ermahnen, hin und wieder eine kleine Erinnerung wird ausreichen.
Tipp: Wenn Sie das mit einem Reim wie z. B. „Hände waschen, Hände waschen,

## VERHALTEN UND ROLLE DER ELTERN

das geht ganz geschwind, bis die Finger sauber sind" verbinden, werden Sie über die Reaktion Ihres Kindes erstaunt sein. Wichtig ist, dass Sie bei den Dingen, die Sie tun, zum einen tatsächlich auch bei der Sache sind, sich also Ihrer Tätigkeit mit voller Aufmerksamkeit widmen, zum anderen sollten Sie sie gut gelaunt erledigen. Das mag nicht immer leicht erscheinen, aber Sie werden feststellen können, dass nicht nur Ihnen die Arbeit leichter von der Hand geht, sondern dass Ihre gute Laune und positive Ausstrahlung auch Ihr Kind dazu motivieren, mit anzupacken.

Zu den guten Gewohnheiten, die Sie nicht früh genug anlegen können und die einen entscheidenden Einfluss auf ein harmonisches Miteinander und auch eine gemeinsame Gesprächskultur in der Familie haben können, ist das gemeinsame Essen, bei dem der Tisch sozusagen zur Begegnungsstätte wird. Denn zum einen gehören Tischmanieren definitiv zum guten Ton. Und die kann das Kind nur lernen, wenn Sie sie ihm vorleben und aktiv beibringen. Zum anderen ist das gemeinsame Essen – gerade in Familien mit mehreren oder größeren Kindern – eine der wohl immer seltener werdenden Möglichkeiten, Zeit miteinander zu verbringen. Das gemeinsame Frühstück als Start in den Tag,

wenn möglich das gemeinsame Mittagessen, aber dann eben auch das Abendessen als Abschluss des Tages – all dies sind Gelegenheiten, Familienleben stattfinden zu lassen – gerade auch dann, wenn die Kinder älter werden. Oder wie finden Sie die Vorstellung, dass ein Kindergartenkind sich sein Frühstück morgens selbst zubereitet, allein am Küchentisch sitzt und isst, damit die Eltern noch eine Viertelstunde länger schlafen können?

## Kinder brauchen Grenzen

Zunächst einmal gilt, dass sinnvolle Regeln unmissverständlich formuliert sein müssen. Denn es nützt niemandem, wenn bestimmte Erwartungen innerhalb der Familie existieren, aber nicht ausgesprochen werden. Zugleich gilt, dass das Nichteinhalten von Vereinbarungen und Grenzen Konsequenzen hat. Es ist das Ziel, dem Kind verständlich zu machen, dass man für Fehler Verantwortung übernehmen muss und es in gewissem Maße auch zur Wiedergutmachung aufgefordert ist. Dass Kinder seit jeher versuchen, Grenzen auszuloten und sie auf ihre Verlässlichkeit testen, ist nicht neu.

Daher tun Kinder eben auch immer wieder Dinge, die ihnen nicht erlaubt sind und die Eltern nicht dulden möchten. Das ist völlig normal. Es kommt dabei jedoch auf Ihren Umgang mit diesem Verhalten an, und vor allem auf Ihre Konsequenz! Zur sinnvollen Grenzsetzung gehört, vorher anzukündigen, wie weit das Kind

## INFO

**Im richtigen Verhältnis**

Grenzen stellen eine sinnvolle Orientierungsmöglichkeit für Kinder dar und sind unabdingbar wichtig. Daher ist es eben auch bedeutsam, dass das Überschreiten von Grenzen Konsequenzen für das Kind hat. So zeigen Sie zum einen, dass die Grenze in Ihren Augen Ihre Berechtigung hat und zu beachten ist. Zum anderen zeigen Sie Ihrem Kind auf diese Weise, dass Sie sein Verhalten bemerken. Denn wenn Sie keine Reaktion auf sein Verhalten zeigen, empfindet das Kind Frustration und wird sich möglicherweise etwas Neues einfallen lassen, um eine Reaktion zu bekommen. Wenn Sie jedoch häufig einfach gar nicht reagieren, wird Ihr Kind sich mit der Zeit niedergeschlagen abwenden. Es ist wichtig, dass die Konsequenz im richtigen Verhältnis zum kindlichen Fehlverhalten steht und für das Kind nachvollziehbar ist. Zudem sollten Sie in einer vergleichbaren Situation auch wieder ähnlich reagieren. So erkennt das Kind zum einen Ihre Verlässlichkeit und kann sich zugleich auf die Regel, die, wie es erfahren hat, tatsächlich regelmäßig existiert, verlassen. Im Übrigen sollten Sie bei aller Konsequenz auch daran denken, dass Ihr Kind die gesetzten Grenzen am ehesten akzeptiert, wenn die Atmosphäre in der Familie von Zuwendung, Zeit und Liebe geprägt ist.

## VERHALTEN UND ROLLE DER ELTERN

gehen darf, wo eine Grenze gesetzt wird, und damit auch, an welcher Stelle eben seine Freiheit in dieser Angelegenheit aufhört. Grenzen müssen ganz klar und vorhersehbar gesetzt werden – und sind in ihrer Ausprägung natürlich immer abhängig vom Alter des Kindes. Während ein Kleinkind z. B. nicht allein aus dem Hoftor herausgehen darf, kann für ein Schulkind die Grenze der freien Nachmittagsspielzeit auf 16 Uhr festgelegt werden – dann muss es zu Hause sein.

### Grenzen müssen gesetzt werden

Zudem lernt ein Kind durch den Umgang mit Grenzen, die ihm zunächst durch die Eltern und andere Bezugspersonen gesetzt werden, eben auch, dass es in sehr vielen Zusammenhängen Grenzen gibt – sonst würde unsere komplexe Welt nicht funktionieren. Doch denken Sie bitte daran: Kein Kind ist in der Lage, von sich aus eine Grenze zu finden. Sie sind nämlich noch nicht in der Lage, von einer übergeordneten, vernunftorientierten Sichtweise aus auf das Ganze zu blicken.

Beispiel: Ein fünfjähriges Kind möchte lange aufbleiben, am besten bis Mitternacht. Es denkt in diesem Augenblick nicht daran, dass es am nächsten Morgen völlig unausgeschlafen ist, wohl nicht aufstehen wollen wird, dass es zudem unkonzentriert und vermutlich auch übellaunig sein wird. Ein anderes Beispiel ist das Krabbelkind, das unterwegs ist, um die Welt zu erkunden. Es weiß nicht, wie gefährlich die Steckdose ist, die es in der Wand entdeckt hat oder dass das Bügeleisen vom Brett fallen kann, wenn es am Kabel zieht. Daher sind Sie gefordert, die Grenzen klar und konsequent zu setzen – und immer wieder auf Ihre Einhaltung zu achten. Das Schöne daran ist: Sie werden merken, dass das familiäre Zusammenleben besser gelingt und viel mehr Freude macht, wenn sich alle an die Spielregeln halten.

### Ausnahmen dürfen sein

Je älter und reifer das Kind wird, desto besser erkennt es den Sinn und Zweck von Regeln, Geboten, Verboten und Grenzen. Es begreift also beispielsweise, dass man ausgeschlafen sein muss, wenn man am kommenden Morgen munter aus den Federn steigen und den Tag über fit, leistungsfähig und vor allem gut gelaunt sein möchte.
Und auch der Sinn von Regeln des sozialen Zusammenseins erschließen sich ihm nach und: eine andere Person ausreden zu lassen, sich in Rücksicht auf andere Menschen zu üben und Kompromisse auszuhandeln – so gelingt das Zusammenleben.

Und natürlich darf es auch dies geben: die Ausnahme von der Regel. Sie sollte jedoch zum einen ebenso klar definiert sein wie die Regel selbst, sodass das Kind sich darauf einstellen kann. Und zum anderen sollte sie wirklich die Ausnahme bleiben, da sonst die ursprüngliche Regel aufgeweicht wird. Sie schmälern möglicherweise die Freude, die Kinder haben können, wenn sie in den Genuss einer Ausnahme kommen.

Und letztlich gilt für Regeln, dass auch sie mit den Kindern wachsen und sich verändern dürfen – denn die Basis, auf der sie aufgestellt werden, nämlich Ihre Haltung und Wertvorstellungen, bleiben dabei im besten Falle stabil.

### Wenn's denn sein muss

Wenn Sie humorvoll in bestimmten Alltagssituationen und auch auf Regelverletzungen reagieren, bedeutet das übrigens nicht, dass sich Ihr Kind oder Ihre Kinder alles erlauben dürfen, weil ja „nichts ernst genommen wird". Im Gegenteil! Es bedeutet, dass Grenzen und Regeln in Ihrer Familie lediglich nicht mit übertriebener Strenge durchgesetzt werden.

So sind, wo es sich nicht vermeiden lässt, auch kleine „Strafen" mit einem Augenzwinkern möglich.

Ein Beispiel: Das Kind, das – obwohl es die Uhr schon lesen kann – wiederholt zu spät und nicht zur vereinbarten Zeit nach Hause kommt, muss bis zum Abendessen jede Viertelstunde die Zeit ansagen, damit es beim nächsten Mal nicht vergisst, auf die Uhr zu schauen. Mit einem verständnisvollen Lächeln können Sie zugleich die Sinnhaftigkeit der Strafe betonen. Eine Strafe, die auf diese Weise erfolgt, ist nicht weniger effektiv. Sie hat im Gegenteil sogar einen entscheidenden Vorteil: Sie wird auf wesentlich weniger Trotz stoßen und zugleich einen größeren Lernerfolg zur Folge haben, da sie eher im Gedächtnis bleibt.

## INFO

**Nein Sagen erlaubt**

Eine ganz wichtige Erfahrung für Ihr Kind ist es übrigens, dass Sie beachten und berücksichtigen, wenn es etwas ablehnt, was ihm unangenehm ist. Auf diese Weise zeigen Sie ihm, dass Nein Sagen grundsätzlich erlaubt ist. Den Respekt, den Sie ihm dadurch entgegenbringen, dass Sie seine Grenzen respektieren, kann Ihr Kind dann auch im Umgang mit anderen Menschen zeigen.

# Kommunikation in der Familie

## Familie im Dialog

Kommunikation ist einer der grundlegende Pfeiler des menschlichen Zusammenlebens und daher auch innerhalb der Familie von zentraler Bedeutung. Sie können Kommunikation erfolgreich gestalten, wenn Sie ein paar Spielregeln beachten. Diese gelten natürlich nicht nur für die Kommunikation zwischen Eltern und Kind, sondern sind – in unterschiedlichen Abstufungen – von fundamentaler Bedeutung für jedes Gespräch, das gelingen soll.

### Kommunikation von Anfang an

Schon von Beginn an hat ein Kind das Bedürfnis nach Verständigung. In den ersten Lebensmonaten ist das Schreien sein stärkstes Ausdrucksmittel. Aber auch durch Körpersprache, Gesichtsausdruck und im Blickkontakt signalisiert ein Kind seiner Umwelt, ob es sich wohl oder unwohl fühlt, ob es spielen will oder seine Ruhe haben möchte. Indem Eltern, intuitiv meist richtig, auf Babys Äußerungen reagieren und diese entsprechend beantworten, gewinnt das Kind die wichtige Einsicht, dass es sich mitteilen und damit etwas erreichen kann. Es lernt zugleich, dass Verständigung Spaß macht und dies zu seinem Wohlbefinden beiträgt.

Schon bei den ersten Gesprächen, die Sie mit Ihrem Kind führen, ist es wichtig, dass Sie sie als Dialog gestalten. Lassen Sie Ihr Kind also „ausreden" und geben Sie ihm Zeit, auf das von Ihnen Gesagte zu reagieren. Die dabei entstehenden Unterhaltungen sind nicht nur bezaubernd, sie tragen auch dazu bei, die Eltern-Kind-Bindung zu stärken. Außerdem werden diese intensiven positiven Erfahrungen Ihren Spross dazu anregen, sich begeistert dem Sprechenlernen zu widmen.

## INFO

### Stimme und Sprache

Von Geburt an zeigt Ihr Baby seine besondere Vorliebe für menschliche Stimmen und ist ganz aufmerksam, wenn Mutter oder Vater mit ihm sprechen. Die menschliche Stimme ist interessant, und es kommt zunächst gar nicht so sehr darauf an, was, sondern wie etwas gesagt wird. Sprache ist von Geburt an ein sehr wichtiges „Bindemittel" in der Eltern-Kind-Beziehung – auch wenn Ihr Baby sie noch nicht versteht. Und noch lange bevor Ihr Kind selbst sprechen kann, erwirbt es Grundlagen für den aktiven Austausch mit seiner Umwelt.

## Das Gespräch aufnehmen

Kinder sind ganz unterschiedlich und das gilt auch für ihre Redelust und die Bereitschaft zum Gespräch. Es gibt Kinder, die erzählen viel und sprechen über fast alles, was ihnen gerade in den Sinn kommt. Andere wiederum sind sehr viel zurückhaltender, teilen sich nicht so gerne mit oder können schlichtweg nicht recht aus sich herausgehen. Wenn Ihr Kind eher ein Vertreter der letztgenannten Gruppe ist, versuchen Sie bitte nicht, es mit – zweifelsohne wohlgemeinten – Aufforderungen im Sinne von „Nun sag doch mal!" aus der Reserve zu locken. Damit erreichen Sie leider eher das Gegenteil und verhindern einen lockeren Einstieg ins Gespräch. Ihr Kind fühlt sich durch eine solche Äußerung möglicherweise unter Druck gesetzt. Denken Sie in diesem Zusammenhang bitte nur an den Satz „Jetzt sei doch mal spontan!" – auch das funktioniert nur in den seltensten Fällen.

Versuchen Sie es eher einmal damit, Ihrem Kind mit deutlichen Körpersignalen zu zeigen, dass Sie zur Aufnahme bereit sind: Wenden Sie sich ihm zu, denn manchmal reicht schon ein aufmunternder Blick oder ein Nicken. Und nehmen Sie sich Zeit, wenn Sie merken, dass Ihr Kind diese benötigt, um ins Gespräch zu finden. Das können Sie durchaus auch verbalisieren: Mit Sätzen wie „Lass dir Zeit, ich bin bei dir und höre dir zu" können Sie ihm ein Brücke bauen.

## Aktives Zuhören

Wenn Sie das aktive Zuhören zu einem Bestandteil Ihrer Kommunikation machen, können Sie verschiedene Dinge damit erreichen. Zum einen helfen Sie Ihrem Gesprächspartner (in diesem Falle dem Kind) dabei, sich über eigene Gedanken und Gefühle klar zu werden, die es beschäftigen. Zum anderen können Sie es dabei unterstützen, Verantwortung für sich selbst, das momentane Problem und auch für die Lösung dessen zu übernehmen. Damit stärken Sie zum einen die Problemlösungskompetenz Ihres Kindes und zugleich sein Selbstbewusstsein.

Auf der anderen Seite bedeutet dies auch eine gewisse Entlastung: Denn wenn Sie Ihrem Kind zutrauen, dass es bestimmte Dinge gedanklich und auch in die Tat umsetzen kann, müssen Sie sich nicht mehr für jede einzelne Situation verantwortlich fühlen und eine Lösung dafür finden wollen. Dies gilt natürlich nur für die Bereiche, in denen Ihr Kind, je nach Alter schon selbst tätig sein kann. Befindet sich Ihr Kind hingegen in

# KOMMUNIKATION IN DER FAMILIE

einer Situation, in der es machtlos ist und sich nicht selbst verteidigen kann, müssen Sie sich selbstverständlich einmischen und aktiv werden.

Vielfach braucht Ihr Kind allerdings viel mehr Ihre Unterstützung als Ihre konkrete Hilfe. Ein Aspekt, unter dem Sie entscheiden können, inwiefern Ihr Kind eine Angelegenheit selbst in die Hand nehmen sollte, ist der, ob es auf lange Sicht dadurch gewinnt, dass es das Problem alleine zu lösen in der Lage ist. Ihr Anteil beschränkt sich in einem solchen Falle dann eher auf die Zeit zum Zuhören, die Unterstützung beim Ordnen der Gedanken und Ihr Verständnis.

## Nehmen Sie Ihr Kind ernst

Wie sieht das aktive Zuhören nun konkret aus? Lassen Sie Ihr Kind erzählen, doch hören Sie nicht einfach nur „mit beiden Ohren" hin, sondern fassen Sie das, was Ihr Kind sagt, zwischendurch auch immer in eigenen Worten zusammen, um sicherzugehen, dass Sie es richtig verstanden haben. Gehen Sie dabei bitte auch auf die Gefühle Ihres Kindes ein.

Wenn Ihr Spross beispielsweise aus dem Kindergarten nach Hause kommt und auf die Frage „Wie war denn dein Vormittag?" antwortet „Nicht so schön", dann können Sie ihm entgegnen „Ja, das sehe ich dir an der Nasenspitze an. Was ist denn schiefgegangen?" Berichtet Ihr Kind dann von einem Streit mit seinem besten Freund, könnten Sie ihm antworten: „Da hattet ihr wohl einen Zusammenstoß. Und das macht dich traurig." Sie zeigen damit zum

einen Mitgefühl, zum anderen ermutigen Sie Ihr Kind zum Weitersprechen, da es sich mit seinen Gefühlen von Ihnen verstanden weiß.

### Helfen, es selbst zu tun

Zum aktiven Zuhören gehört es aber auch, keine vorgefertigten Lösungen anzubieten. Bremsen Sie sich, Ratschläge zu erteilen, fertige Lösungen anzubieten oder wie die Feuerwehr „zur Rettung zu eilen". Ziel soll sein, dass Ihr Kind sich über die Sache selbst klar wird und eigene Ideen entwickelt. Wenn Sie jedoch immer schon eine Lösung parat haben, bevormunden und belehren Sie Ihr Kind – wenn auch nicht unbedingt in böser Absicht. Die Folge: Sie behindern dadurch sein Streben nach einer eigens erdachten Lösung.

Aktives Zuhören beinhaltet, dass Sie Ihre Meinung und mögliche Lösungen zurückhalten und Ihr Gegenüber aussprechen lassen. So erhöhen Sie die Chance, dass sich während des Erzählens eigene Lösungsmöglichkeiten beim Sprechenden auftun.

Wie wichtig es ist, dass Sie sich Ihrem Kind voll und ganz zuwenden, das haben Sie an anderer Stelle schon erfahren. Dennoch soll es, da es sich dabei um eine grundsätzliche Regel für das Gelingen von Kommunikation handelt, an dieser Stelle noch einmal angesprochen werden: Um Ihrem Nachwuchs zu zeigen, dass Sie das, was sie sagen, ernst meinen, sollten Sie Ihre Aussagen nicht nur stimmig, d. h. im Einklang von Wort

> **TIPP**
>
> **Keine Ablenkungsmanöver**
> Versuchen Sie bitte nicht, Ihr Kind von einem offensichtlichen Problem abzulenken, indem Sie zwar vordergründig fragen, was es beschäftigt, zugleich aber versuchen, ein wie auch immer geartetes „Pflaster" auf die Wunde zu kleben, etwa wenn Sie das Problem mit einem Satz wie „Ist doch nicht so schlimm" oder „Nimm dir doch erstmal ein leckeres Stück Kuchen" abtun. Sie verhindern i. d. R., dass Ihr Kind beim Erzählen bis zum Wesen der Sache vordringt und Sie wirklich erfahren, was es mit sich herumträgt. Außerdem vermitteln Sie Ihrem Kind auf diese Weise den Eindruck, dass das Problem doch gar nicht so schlimm sein kann. Die Folge: Es fühlt sich in seiner Gefühls- und Gedankenwelt nicht ernst genommen – oder zweifelt gar an seinen eigenen Eindrücken.

SPEZIAL

# Die schönsten Rituale für Jahresfeste

**Die Osterschale:** Eine Osterschale, in der Sie rund zehn Tage vor Ostern Getreidekörner aussähen, um „Ostergras" zu ziehen, ist ein beliebtes Ritual. Diese Schale können Sie zusätzlich mit einem kleinen Häschen aus Wolle oder Filz schmücken. Gerade für kleine Kinder kann die Osterschale – ähnlich dem Nikolausstiefel – am Ostersamstag vor die Tür gestellt werden. Am Ostersonntag findet sich dann wie von Zauberhand ein gefärbtes Ei darin. Wenn die Kinder schon etwas älter sind, kann die Schale auch mit Kresse bepflanzt werden, die dann für die Ostertage zum Verzehr gedacht ist.

**Der Heilige Abend:** An Weihnachten und besonders am Heiligen Abend herrscht freudige Spannung. Wie wäre es, wenn Sie, um das Warten aufs Christkind zu verkürzen und die Vorfreude auf ruhige Art zu steigern, mit den Kindern vor der Bescherung einen Spaziergang unternehmen. Bevor dann die Weihnachtsstube mit dem Christbaum und den Geschenken geöffnet wird, können Sie mit den Kindern Lichter suchen. Und das geht so: Sie bereiten schon in den Tagen vor Weihnachten Gläser als Teelichthalter vor. Sie können diese Gläser z. B. mit Seidenpapier bekleben und verzieren, und stellen dann ein Teelicht hinein. Am 24. Dezember verteilen Sie die Gläser im Haus und zünden die Kerzen darin an, während die Kinder in den Küche warten. Dann wird im ganzen Haus das Licht ausgemacht, und die Familie begibt sich gemeinsam auf die Suche nach den Teelichtern. Jeder darf dann sein Glas nehmen und es zum Weihnachtsbaum tragen.

und Bild, formulieren, sondern ihn dabei auch anschauen und Körperkontakt herstellen. Gehen Sie also auf Augenhöhe, nehmen Sie Blickkontakt auf und fassen Sie Ihr Kind bei den Händen oder an den Schultern. Auf diese Weise machen Sie Ihre Botschaft deutlich und klar.

## Sprechen Sie über sich

Bei Meinungsverschiedenheiten werden häufig die sogenannten „Du-Botschaften" formuliert. Der Nachteil: Darin kommen oft verletzende Vorwürfe und Abwertungen zum Ausdruck. Kindern gegenüber geäußert haben diese Du-Botschaften jedoch auch den nicht zu unterschätzenden „Nebeneffekt", dass sie sich im Unterbewusstsein festsetzen und als Prägungen seine weitere Entwicklung beeinflussen. Denken Sie bitte daran, dass das Kind sich sozusagen noch auf dem Weg befindet, die Fragen nach dem „Wer bin ich und wie bin ich?" für sich zu beantworten. Feststellungen, die gerade Erwachsene über es treffen, und die „Du bist ..." lauten, prägen dabei ganz klar sein Selbstbild.

Und dabei ist es egal, ob derjenige, der sich äußert, Recht hat, gerade nur furchtbar wütend ist oder es einfach nicht besser weiß. Wohl fast alle Erwachsenen tragen solche in der Kindheit gesetzten negativen Prägungen „mit sich herum". Nutzen Sie dieses Wissen doch künftig, um Ihrem Kind Positives über sich zu vermitteln! Zudem kommen Sie weiter, wenn Sie statt negativ geprägter Botschaften Ihre Gefühle und Wünsche zum Ausdruck bringen, also Ich-Botschaften formulieren.

## TIPP

### „Richtig" zuhören

Wenn sich ein Kind nur selten oder wenig auffällig bemerkbar macht, kann es im Alltag schon einmal passieren, dass man kaum aufnimmt, was es wirklich sagen möchte. Deshalb achten Sie bitte darauf, dass Sie sich Ihrem Kind mit ganzer Aufmerksamkeit widmen. Legen Sie – sozusagen auch „innerlich" – das beiseite, mit dem Sie sich gerade beschäftigt haben, und hören Sie hin. Mit beiden Ohren und vor allem auch mit dem Herzen. Denken Sie, während das Kind spricht, nicht schon darüber nach, was Sie anschließend selbst sagen möchten. Denn sonst entgeht Ihnen mit Sicherheit einiges von dem, was das Kind tatsächlich zu sagen hat und bereit ist, von sich zu zeigen.

# KOMMUNIKATION IN DER FAMILIE

## Streit kann vorkommen

Natürlich kann es immer wieder auch einmal passieren, dass es zu Streitigkeiten kommt und ein Gespräch nicht den erwarteten Verlauf nimmt. Wenn das passiert, ist es erfahrungsgemäß am besten, das Gespräch zu beenden, sodass die erhitzten Gemüter zur Ruhe kommen können. Wenn sich die Wogen geglättet haben und die Köpfe wieder klar geworden sind, können Sie wieder in Dialog miteinander treten. Allerdings sollten Sie an einem anderen Punkt anknüpfen und das ursprüngliche Thema erst einmal beiseite lassen. Werfen Sie stattdessen einen gemeinsamen Blick auf den Streit und die Art und Weise, wie alle Beteiligten miteinander umgegangen sind. Dabei stehen Fragen im Fokus wie: Warum haben sie sich so verhalten, wie es geschehen ist? Was war der Grund dafür? Wie haben sich die einzelnen Beteiligten dabei gefühlt und wie ist es ihnen an diesem Tag an sich ergangen?

Auf diesem Weg können Sie das Bewusstsein aller schärfen sowie gegenseitiges Verständnis schaffen und gemeinsam nach einer angemessenen Lösung für den Konflikt suchen.

## Spielräume zulassen

Eigentlich ist es fast unmöglich, eine getroffene Aussage nicht zu interpretieren. Das hat jedoch zur Folge, dass immer auch gerade unter erwachsenen Gesprächspartnern die Möglichkeit besteht, dass eine Äußerung ganz anders verstanden wird, als sie ursprünglich gemeint war. Und das kann schnell zu Missverständnissen führen. Tipp: Versuchen Sie, die Äußerungen Ihres Gegenübers nicht einseitig zu interpretieren, sie also etwa nur als Angriff oder als Vorwurf zu sehen. Führen Sie sich stattdessen immer wieder vor Augen, dass es noch andere Deutungsmöglichkeiten gibt.

Ein Beispiel: Eine Großmutter, die das Kind mitbetreut, sagt beim Abholen zum Vater, dass Ihr Spross „richtig frech war und sich daneben benommen hat". Diese Bemerkung lässt zunächst einmal darauf schließen, dass das Kind sich nicht richtig und erwartungsgemäß verhalten hat. Doch diese Aussage kann noch weiter ausgelegt werden. Die Mutter kann die Bemerkung z. B. dahingehend verstehen, dass sie nicht in der Lage sei, dem Kind ein angemessenes Verhalten beizubringen. Sie kann die Äußerung auch als Aufforderung begreifen, das Kind zurechtzuweisen oder annehmen, dass die Großmutter keine Lust hat, sich weiterhin ausgiebig mit dem Kind zu befassen. Diese Deutungsvarianten sind immer situations- und personenabhängig, doch generell gilt: Spielraum gibt es immer und Sie können Konfliktpotenzial verringern, indem Sie sich diese vorhandenen Interpretationsspielräume vor Augen führen.

## Der runde Tisch

Vielleicht haben Sie dazu schon von der Idee des Familienrates gehört. Das Konzept: Einmal in der Woche kommt die Familie zusammen, idealerweise gibt es dafür einen feststehenden Zeitpunkt, der die Bedeutung des Zusammentreffens signalisiert. Dann wird über alles Wichtige gesprochen, das die Familienmitglieder betrifft. Als eines der „Klassi-

> # TIPP
>
> **Klare Aussagen**
> Denken Sie immer wieder daran, dass gerade kleinere Kinder überfordert sind, wenn man ihnen mehrere Wahlmöglichkeiten lässt. Eine Frage wie „Möchtest du ins Schwimmbad gehen, lieber ein Spiel spielen oder sollen wir einen Bastelnachmittag machen?" ist wenig aussichtsreich. Die Folge ist mit an Sicherheit grenzender Wahrscheinlichkeit, dass Ihr Kind aufgrund der „Unfähigkeit", sich klar zu entscheiden und alle Folgen zu überblicken, wiederholt seine Meinung ändert und Unruhe aufkommt. Nicht selten fühlen Eltern sich dadurch tyrannisiert – dabei sollten doch eben sie die Richtung vorgeben. Reduzieren Sie Ihr Angebot auf zwei Varianten oder besser gar nur eine einzige und formulieren Sie statt einer Frage immer eine klare Aussage. Ein Satz wie „Ich möchte mit dir heute ins Schwimmbad gehen" ist in dem geschilderten Beispiel eindeutig die bessere Wahl – für beide Seiten.

ker-Themen", die im Familienrat behandelt werden, gilt wohl die Aufgabenverteilung in Haus und Garten. Den Familienrat zeichnet aus, dass jeder Teilnehmer eine gleichberechtigte Stimme hat, egal, ob er fünf, 15 oder 50 Jahre alt ist. Entscheidungen müssen i. d. R. einstimmig getroffen werden. Durch dieses „Gremium" können schon kleinere Kinder lernen, Verantwortung zu übernehmen und sich am Austausch für eine gemeinschaftliche Lösung offener Probleme und Fragen zu beteiligen. Denn es ist für Kinder sehr wichtig, dass Sie von Beginn an die Erfahrung machen, als Gesprächspartner respektiert zu werden. Klar ist aber auch, dass nur solche Themen behandelt werden, die auch wirklich von allen entschieden bzw. besprochen werden sollten.

## Konflikte entschärfen

Familie ist immer in Bewegung. Sie ist eine sich entwickelnde, wachsende und verändernde Gemeinschaft. Dabei strebt sie im Idealfall ein gesundes Gleichmaß von Werten an, innerhalb derer Kinder zum einen die Vielfalt erfahren und zum anderen lernen, ihre eigenen Vorstellungen zu entwickeln und Vorbilder zu suchen. Und wie in jeder Situation, in der mehrere Menschen (oder Kinder) aufeinander treffen, überschneiden sich individuelle Bedürfnisse und eigene Interessen der Beteiligten. Grundsätzlich wünscht sich wohl jedes Elternteil Harmonie – und das am besten ununterbrochen. Doch das entspricht weder der Realität, noch ist es besonders dienlich. Denn man verliert dabei leicht aus den Augen, dass Kinder auch Reibungspunkte brauchen, um zu wachsen. Und auf diese Weise soziale Kompetenzen

# KOMMUNIKATION IN DER FAMILIE

## TIPP

**Die Würde des Kindes**
Eltern sollten sich jederzeit so verhalten, dass sie die Würde des Kindes nicht verletzen. Doch aufgepasst! Gleichberechtigt ist das Kind deswegen nicht. Denn „gleichberechtigt" im Wortsinne würde bedeuten, dass das Kind eben auch Pflichten und Verantwortung übernehmen kann. Und dies ist schlichtweg nicht möglich, sondern stellt eine maßlose Überforderung dar: Ein Fünfjähriger ist, ebenso wie ein Zehn- oder auch 15-jähriger, nicht in der Lage, die gleiche Verantwortung zu übernehmen wie ein erwachsener Mensch. Dies zu bedenken, hilft von vornherein schon, unnötige Konflikte zu vermeiden.

---

schulen können, wie teilen, abgeben, einmal hintanstehen können, Kompromisse aushandeln und sich nach einem Streit wieder zu versöhnen.

Konflikte sind also durchaus normal – zum Problem werden sie erst, wenn der Umgang damit nicht angemessen gelingt. Wie sie vielleicht schon bemerkt haben, sind Kinder i. d. R. wenig nachtragend und haben Meinungsverschiedenheiten meist schneller wieder vergessen, als sie gekommen sind. Daher ist es wichtig, dass Sie als Elternteil eine klare Vorstellung davon haben, wie sie sich bei Konflikten verhalten.

## Konflikte zwischen Kindern

Zwischen Kindern kann es viele kleine oder größere Anlässe geben, die zum Streit führen können. Und gerade im Umgang mit anderen Kindern sollte ein Kind im Kindergartenalter nun auch die Gelegenheit bekommen, Unstimmigkeiten selbst zu regeln. Denn sie profitieren in der Tat am meisten davon, wenn sie die Situation selbst lösen können. Wenn Sie als Elternteil eine solche Situation von außen zu klären versuchen, stehen Sie zunächst vor dem Problem, dass Sie in die Rolle des Schlichters gedrängt werden.

Und da liegt die Suche nach dem Schuldigen nahe – doch das wird den Konflikt nicht entschärfen, im Gegenteil. Denn nun sehen sich die beteiligten Kinder unbewusst dazu genötigt, sich zu verteidigen bzw. sich gegenseitig die Schuld zuzuschieben. Und Ihnen fehlen letztlich die entscheidenden Informationen, um die Lage wirklich angemessen beurteilen zu können. Viel sinnvoller und produktiver ist es da doch, die Kinder den Streit selbst lösen zu lassen.

# KOMMUNIKATION IN DER FAMILIE

## Neutral bleiben

Natürlich gibt es auch Momente, in denen Sie eingreifen müssen – eben dann, wenn eines der Kinder handgreiflich wird. Allerdings sollten Sie auch bei diesem Eingreifen möglichst neutral bleiben. Eines muss klar sein: Schläge oder Tritte werden nicht geduldet. Ein laut und klar geäußertes „Halt!" oder „Stopp!" ist da die erste Maßnahme. Das gibt allen Beteiligten die Möglichkeit, durchzuatmen. Achten Sie darauf, dass Sie auch beim weiteren Klären der Situation das Parteiergreifen für einen der beiden Streithähne vermeiden. Stattdessen versuchen Sie neutral die Situation zu beleuchten – und denken Sie daran: Zu einem Streit gehören immer Zwei. Und es ist sehr wahrscheinlich, dass beide nun etwas Zeit brauchen. Erinnern Sie sich an die Regeln des aktiven Zuhörens und versuchen Sie, die Gefühle der Kinder in Worte zu fassen.

Ein Beispiel: Die fünfjährige Lea und ihr zwei Jahre älterer Bruder Max haben gemeinsam ein Baumhaus gebaut, doch nun hat Lea etwas übermütig begonnen, den Bau wieder einzureißen, weil sie eine neue Idee hat. Max wird ärgerlich, weil das Baumhaus abgerissen wird und beginnt, Lea zu schlagen. Nachdem die Mutter mit einem energischen „Stopp!" Einhalt geboten hat, fragt sie, ob die beiden Hilfe benötigen. Max will, dass Lea geht. „Sie hat das Baumhaus kaputt gemacht." Die Mutter beurteilt nun nicht das Verhalten von Lea, sondern sagt: „Das Haus ist kaputt, und du bist ärgerlich. Und ich sehe, dass Lea weint, weil du ihr eine Ohrfeige gegeben hast. Das tut ihr weh." Im nächsten Schritt kann die Mutter zunächst mit den Worten

„Jetzt küssen wir erst mal den Schmerz weg" auf Leas schmerzende Wange eingehen. Dann kann sie sich Max zuwenden und ihm Hilfe anbieten, das zerstörte Baumhaus wieder aufzurichten. So haben beide Kinder die Aufmerksamkeit der Mutter bekommen und damit das gute Gefühl, mit ihrem Bedürfnis wahrgenommen zu werden. Zugleich, da keine Partei ergriffen wurde, ist es auch für die Kinder wesentlich einfacher, wieder miteinander ins Spiel zu kommen.

### Konflikte nachhaltig lösen

Und auch wenn Kinder älter werden, ist diese Methode durchaus Erfolg versprechend: Denn die Beteiligten fühlen sich ernst genommen und nicht durch ein vorschnelles Urteil vorab gestraft oder ausgegrenzt. Manchmal gehen bei Streitigkeiten auch Dinge kaputt und können nicht unmittelbar ersetzt werden. Dann geht das Schlichten und Vertragen eben nicht alleine, hier brauchen Kinder die Anleitung eines Erwachsenen. Und auch dabei ist es entscheidend, wie Sie sich als Elternteil ins Spiel bringen. Am wirkungsvollsten funktioniert Konfliktlösung über das Mitfühlen. Und über das Bewusstmachen dieses Gefühls kann ein Kind auch den ehrlich gemeinten Satz „Es tut mir leid" lernen. Das ist mehr als ein einfaches „Entschuldigung" – und es muss geübt werden. Sie können Ihrem Kind dabei helfen und es im wahrsten Sinne des Wortes an die Hand nehmen. Gemeinsam lässt sich eine solche Botschaft am Anfang leichter über die Lippen bringen. Und wenn Ihr Kind spürt, dass Sie es ernst meinen, wächst auch bei ihm die Fähigkeit, „mitleiden", sprich mitfühlen zu können.

# Serviceteil

# SERVICETEIL

Auf den folgenden Seiten finden Sie nützliche Adressen, die Ihnen bei der Erziehung und optimalen Förderung Ihrer Kinder weiterhelfen.

## Hilfreiche Adressen

Arbeitsgemeinschaft für kath. Familienbildung e. V. Bonn
Mainzer Straße 47
53179 Bonn
www.afk-bonn.de
Telefon: 0228-371877
Fax: 0228-85 78 147
info@afk-bonn.de
*Angebot an Erziehungskursen für Eltern*

Arbeitskreis Neue Erziehung e. V.
Boppstraße 10
10967 Berlin
www.ane.de
Telefon: 030-259006-0
Fax: 030-259006-50
ane@ane.de
*Unterstützendes Angebot zur bildungspädagogischen Förderung*

Bundesforum Familie
Inselstraße 6a
10179 Berlin
www.bundesforum-familie.de
Telefon: 030-275817490
Fax: 030-275817499
info@bundesforum-familie.de
*Zusammenschluss verschiedener Organisationen wie Stiftungen und Verbände, die sich für eine familienfreundliche Gesellschaft einsetzen*

Bundeskonferenz für Erziehungsberatung e. V.
Herrnstraße 53
90763 Fürth
www.bke.de
Telefon: 0911-977140
Fax: 0911-745497
bke@bke.de
*Beratung bei Erziehungsfragen*

Bundesministerium für Familie, Senioren, Frauen und Jugend
11018 Berlin
www.bmfsfj.de
Telefon: 0180-1907050
Fax: 03018-5554400
*Informationen über Familienpolitik*

Bündnis für Kinder
Winzererstraße 9
80797 München
www.buendnis-fuer-kinder.de
Telefon: 089-12611200
Fax: 089-12611625
info@buendnis-fuer-kinder.de

# SERVICETEIL

*Projekte zur Stärkung der Erziehungskompetenz, Informationen zum Leben mit Kindern*

Deutscher Familienverband
Luisenstraße 48
10117 Berlin
www.deutscher-familienverband.de
Telefon: 030-24628611
Fax: 030-30882961
redaktion@deutscher-familienverband.de
*Beratung und Hilfe, Aktionen, Seminare und Erholungsangebote für die ganze Familie*

Deutsche Liga für das Kind
Chausseestraße 17
10115 Berlin
www.liga-kind.de
Telefon: 030-28599970
Fax: 030-28599971
post@liga-kind.de
*Förderung der Entwicklungschancen von Kindern in allen Lebensbereichen*

Deutscher Kinderschutzbund Bundesverband e.V.
Starke Eltern – starke Kinder®
Frau Paula Honkanen-Schoberth
Schöneberger Straße 15
10963 Berlin
www.starkelteern-starkekinder.de
Telefon: 030-2148090
Fax: 0030-21480999
info@dkdb.de
*Elternkurse des Deutschen Kinderschutzbundes*

DJI München
Deutsches Jugendinstitut e. V.
Nockherstraße 2
81541 München
www.dji.de
Telefon: 089-623060
Fax: 089-62306162
info@dji.de
*Wissen von A bis Z aus der Forschung über Kinder, Jugendliche und Familie*

Evangelisches Zentralinstitut
für Familienberatung
Auguststraße 80
10117 Berlin
www.ezi-berlin.de
Telefon: 030-28395200
Fax: 030-28395222
ezi@ezi-berlin.de
*Psychologische Beratung für Eltern und Familien*

FRIZ Frühinterventionszentrum
Felix-Wankel-Straße 6
69126 Heidelberg
www.fruehinterventionszentrum.de
Telefon: 06221-7266550

## SERVICETEIL

Fax: 06221-72665-49
info@fruehinterventionszentrum.de
*Heidelberger Elternprogramm zur frühen Sprachförderung für Eltern von Kleinkindern mit Sprachproblemen*

Gordon Training Deutschland Österreich Schweiz
Herr Dr. Karlpeter Breuer
Bonner Talweg 149
53129 Bonn
www.gordonmodell.de
Telefon: 0228-225867
Fax +49 (0) 2 28 - 22 02 04
info@gordontraining.org
*Familientraining zur Förderung von Kommunikation und Konfliktlösung*

GPSD
Gesellschaft für Psychologische und Soziale Dienste e. V.
Saarstraße 51-53
54290 Trier
www.gpsd-trier.de
Telefon: 0651-9760830
Fax: 0651-9760831
info@gpsd-trier.de
*Erziehungsberatung und –trainingsangebote*

Heidelberger PräventionsZentrum
Keplerstraße 1
69120 Heidelberg

www.faustlos.de
Telefon: 06221-91442
Fax: 06251-948620
info@h-p-z.de
*Fortbildungen und Seminare zur Förderung sozial-emotionaler Kompetenzen und Prävention von Aggressionen*

InSTEP Weiterbildungsinstitut und InSTEP Trainernetzwerk Büro
Kreuzbergstraße 84
40489 Düsseldorf
www.instep-online.de
Telefon: 0211-2006870
Fax: 0211-2007749
buero@instep-online.de
*Weiterbildungsprogramm für Eltern zum Thema Kindererziehung mit Kursen*

Kasseler Institut für Systemische Therapie und Beratung e. V.
Goethestraße 76
34119 Kassel
www.kasselerinstitut.de
Telefon 0561-8165602
Fax: 0561-8165601
elterncoaching@kasselerinstitut.de
*Erziehungsberatung durch Psychotherapeuten bei Konflikten*

Kinderland – Verein zur Förderung von Kindern, Jugendlichen und Familien e. V.

## SERVICETEIL

Wollankstraße 133
13187 Berlin
www.kind-vater.de
Telefon: 030-4854637
info@kind-familie.de
*Information, Beratung und Unterstützung bei der Erziehung und bei Familienproblemen*

pro familia
Deutsche Gesellschaft für Familienplanung, Sexualpädagogik und Sexualberatung e. V.
Bundesverband
Stresemannallee 3
60569 Frankfurt
www.pro-familia.de
Telefon: 069-639002
Fax: 069-639852
info@profamilia.de
*Beratung und Unterstützung bei der Familienplanung*

SOS Kinderdorf e. V.
Renatastraße 77
80639 München
www.sos-kinderdorf.de
Telefon: 0126060
Fax: 012606404
*Organisation, die sich für bedürftige Kinder in Europa, Asien und Afrika einsetzt*

Triple P Deutschland
PAG Institut für Psychologie AG
Nordstraße 22
48149 Münster
www.triplep.de
Telefon 0251-518941
Fax 0251-20079200
info@triplep.de
*Erziehungskonzept und Trainingsprogramm für Eltern mit Kursen und Materialien*

UNICEF Deutschland
Höninger Weg 104
50969 Köln
www.unicef.de
Telefon: 0221-936500
Fax: 0221-93650279
E-Mail: mail@unicef.de
*Stiftung, die sich für Gesundheit und Rechte von Kindern weltweit einsetzt*

WorkFamily-Institut
Drosselweg 18
64367 Mühltal
www.workfamily-institut.de
Telefon: 06151-5208045
Fax: 06151-5208047
office@workfamily-institut.de
*Seminare und Beratung zum Thema Beruf und Familie*

## Informationsangebot im Internet

www.beratung-caritas.de
*Online-Beratung bei Familienproblemen durch die Caritas*

www.blinde-kuh.de
*Liste von empfehlenswerten Internetseiten für Kinder*

www.eltern.de
*Themen des Familienalltags*

www.elternforen.com
*Verschiedene Foren für Eltern zu allen Themen der Kindererziehung und des Familienalltags*

www.elternimnetz.de
*Informationen für Eltern zu allen Bereichen des Familienlebens*

www.elternkompetenz.de
*Informationen über Kindererziehung, Erziehungstest für Eltern*

www.elterntelefon.org
*Telefonische Hilfe und Beratung bei Erziehungsproblemen*

www.erziehung-online.de
*Ratschläge rund ums Kind*

www.evangelische-beratung.info
*Suchmaschine für Erziehungsberatungsstellen der evangelischen Kirche*

www.familie.de
*Tipps und Wissenswertes für die ganze Familie*

www.familienhandbuch.de
*Hilfe bei allen möglichen Erziehungsfragen vom Staatsinstitut für Frühpädagogik*

www.familienkultour.de
*Tipps und Anregungen rund um das Freizeitangebot für die ganze Familie*

www.grundschultreff.de
*Forum für Lehrer und Eltern von Grundschulkindern*

www.hallofamilie.de
*Informationen für die ganze Familie zu allen Lebensbereichen*

www.kidnet.de
*Praktische Tipps und Informationen für den Familienalltag mit Kindern*

www.kinder.de
*Familienportal mit Tipps und Informationen für Eltern und Kinder*

## SERVICETEIL

www.kindergartenplus.de
*Programm zur Stärkung der kindlichen Persönlichkeit, angeboten von der Deutschen Liga für das Kind*

www.kindergarten-workshop.de
*Seite für Eltern und Erzieher mit Informationen und Materialien*

www.kinderpsychologen.de
*Verzeichnis von Kinderpsychologen und Diskussionsforum*

www.kindundgesundheit.de
*Informationen für Eltern zu den Themen Erziehung und Entwicklung, Gesundheit, Familienalltag etc.*

www.netzwerk-familientherapie.de
*Liste mit Familientherapeuten*

www.ostern-im-web.de
*Wissenswertes über Osterbräuche*

www.ratgeber-ostern.de
*Anregungen, Rezepte, Bastelideen u. v. m. rund um das Osterfest*

www.ratgeber-weihnachten.de
*Anregungen, Rezepte, Bastelideen u. v. m rund um das Weihnachtsfest*

www.vitawo.de
*Informationen rund um den Alltag mit Kindern*

# Register

**A**blehnung 34, 36
Aggression 43
Akzeptanz 34, 36
Alltag 7 f., 10, 19, 24, 38, 41, 49 ff. , 61 ff. , 70, 74, 81
Anerkennung 35, 48
Angst 11, 30, 42, 46, 50 ff.
Ärger 36, 44, 61, 86
Aufgabe 9, 11, 25, 32, 50, 66, 84
Aufräumen 36
Auslöser 23, 42
Autorität 65

**B**aby 7 f., 11 f., 22, 28 ff., 38, 76
Bedürfnisse 19, 21 f., 28 ff.
Bewegung 6, 14 ff., 20 ff., 84
Bindung 11, 26, 28 ff., 37, 69, 76

**D**ialog 4, 76, 82
Du-Botschaft 81

**E**igenständigkeit 25
Eifersucht 42, 47 f.
Eltern-Kind-Beziehung 28 ff., 60, 76
Erinnerung 37, 67, 70
Ermutigen 46, 79
Erziehung 32, 37, 57, 63 ff., 67
Erziehungsstil 41
Essen 22, 39, 63, 67 f., 70 f., 74

**F**antasie 39, 53 ff., 68
Fernsehen 41, 54
Freizeit 57
Freude 6, 8, 34, 42, 45, 54 f., 61, 68, 70, 73 f., 80
Freundschaft 24, 26
Frustration 30, 72

**G**eborgenheit 10, 28 f., 32, 40, 52, 60
Gefühlsäußerung 18
Geschlecht 56 f.
Geschlechterrolle 57
Geschwister 7, 47 f., 67
Gespräch 40, 71, 76 f., 82, 84
Gestik 30
Gleichgewicht 14 f.
Gleichgewichtssinn 21, 25
Großmutter 83
Grundbedürfnisse 28
Grundschule → Schule

**H**aushalt 8, 70
Humor 32, 62 ff., 65 ff., 74

**I**ch-Botschaft 36, 81
Ignorieren 51

**J**unge 15, 49, 56 ff.

**K**indergarten 14, 19, 22, 24, 26, 31, 36, 56 f., 62, 71, 78, 85
Kleinkind 11 f., 28, 42, 56, 67, 73
Kommunikation 7, 75 ff.
Konflikt 58, 82 ff., 87
Körperwahrnehmung 14

**L**ächeln 63, 74
Langeweile 53 ff.
Lehrer 24, 57
Lehrerin → Lehrer
Lernen 6 ff., 11, 19, 25, 29, 35, 42, 53 f., 57 f., 61 f., 67, 69, 71, 76, 84, 87
Lob 11, 46

**M**ädchen 15, 56 ff.
Mimik 30
Missverständnis 30, 82
Motorik 21
Mutter 11, 18, 28, 46, 52, 76, 86 f.

**N**achahmung 7 f., 60
Neid 46 ff.

**P**ause 40 f., 54

# REGISTER

| | |
|---|---|
| **R**egeln | 16, 23 f., 26, 67, 72 ff., 76, 86 |
| Rhythmus | 11, 38 f. |
| Ritual | 17, 33, 38 ff., 52, 55, 67 f., 80 |
| | |
| **S**äugling | 7, 9, 11, 30 |
| Schimpfen | 35 f. |
| Schlafen | 11, 71 |
| Schreien | 76 |
| Schule | 24, 26, 57 |
| Schulkind | 22, 24 ff., 39, 73 |
| Selbstbewusstsein → Selbstvertrauen | |
| Selbstständigkeit | 9 f., 22, 24 f., 45 |
| Selbstvertrauen | 11, 25, 29, 32, 51, 61 |
| Selbstwertgefühl | 9, 26, 34, 46 f. |
| Spaß | 29, 33, 55, 58, 61, 65, 68, 76 |
| Spielen | 8 f., 11, 14, 19, 23, 36, 44, 56, 61, 76, 83 |
| Sprechen | 10, 14, 29, 63, 76 f., 79, 81 |
| Stress | 22, 30, 35, 54 |
| Streit | 23, 35, 40, 78, 82, 85 ff. |
| | |
| **T**agesabschluss | 40 |
| Tod | 53 |
| Traurigkeit | 42, 47, 49 |
| | |
| Trotz | 18, 45 f., 74 |
| Trotzreaktion → Trotz | |
| **Ü**berforderung | 10, 85 |
| Unterbewusstsein | 37, 81 |
| Unterforderung | 10 |
| Unterstützung | 10, 32, 46, 58, 78 |
| | |
| **V**ater | 18, 28, 58, 76, 83 |
| Verantwortung | 60, 72, 77, 84, 85 |
| Verhalten | 6 ff., 15 f., 18 f., 26, 28, 30 f., 34 ff., 41 ff., 49, 57, 59 ff. |
| Verlässlichkeit | 19, 38, 72 |
| Vernunft | 48, 53, 69, 73 |
| Verständnis | 18, 52, 57, 63, 78, 82 |
| Verunsicherung | 41, 51 |
| | |
| **W**ahrnehmung | 13 ff., 17, 20, 25, 29, 54 |
| Weinen | 19, 49 |
| Wohlbefinden | 32, 34, 76 |
| Wut | 42 ff., 65, 81 |
| | |
| **Z**wang | 37, 39 |

## Bildnachweis

Wir bedanken uns bei allen Bildlieferanten, die uns durch die Bereitstellung von Abbildungen freundlicherweise unterstützt haben.

djd/deutsche journalisten dienste: djd/Schuster Public Relations & Media Consulting; djd/Soventol 14; djd/Westermann Lernspielverlag 24; djd/KarstadtQuelle Versicherungen 28, 58; djd/humatrix AG 29; djd/Photo dose KircherBurkhardt 31; djd/JEH Verlag 52; djd/Traumeel 60; djd/Neurexan 61; djd/RIEMSer Arzneimittel AG 62; djd/POS Polsterservice GmbH 64, djd/BWP 87
fotolia.com: Michael Kempf 6, 37; humbak 7; Daniel Fuhr 8; Mariusz Blach 8; idee23 16; brozowa 17; detailblick 18; Alena Ozerova 20; Gordon Grand 21; jauson 22; Marylin Richter 25; photofey 30; Simon Ebel 32; Cherry-Merry 33; Monkay Business 35; Christian Stoll 40; Marco Tiberio 43; Dmitry Ersler 44; elisabetta figus 47; drubig-photo 55; creative studio 56; Pavel Losevsky 59; Linda Mattson 68; Sven Hoffmann 71; NIkolay Levitskiy 78; Richard Mosier 80; Tatyana Gladskih 82; Alena Yakusheva 84; Grischa Georgiew 86; Marzanna Syncerz 94
mauritius images: 5, 27, 75, 88
pixelio.de: Stephanie Hofschlaeger 41; iwona w. 51
stock.xchng: Neuroman 4; jana koll 10; RED Visual Group 15; SEPpics 23; necogarnic 34; catalin82 45; Sirgain 49; christiem 53; bjearwicke 65; andreyutzu 66; bies 70